독서에도 교육이 필요하다면

독서에도 교육이 필요하다면

초판 1쇄 발행   2020년 12월 3일
초판 2쇄 발행   2021년 2월 20일

지은이 ｜ 최소희, 이승화
펴낸이 ｜ 인품
펴낸곳 ｜ 인품
출판등록 ｜ 2018.3.5(제2018-000003호)
주소 ｜ 경기도 양주시 옥정로 204 한길프라자 511호
이메일 ｜ inpoomworld@gmail.com
팩스 ｜ (0504)486-1498

ISBN   979-11-965942-1-3 03370

최소희, 이승화 지음

독서에도 교육이 필요하다면

" 독서교육을 시작하는 이들에게 전하는
친절한 안내서 "

- 모델을 설정하라: 스스로에게 적합한 모델을 한 명씩 선정하라.
- 절대적인 가치를 발견하라: 삶에 중심이 되는 가치를 찾으라.
- 꿈과 비전을 선정하라: 가치를 꿈과 비전으로 연결하라.

　2018년 기준 91명의 노벨상 수상자를 배출한 시카고 대학에서 학생들에게 대학 생활 중 제시했던 세 가지 과제입니다. 1800년대 후반 설립 당시 분명 주목받지 못했던 시카고 대학은 5대 총장이었던 로버트 허치슨Robert Maynard Hutchins 박사 취임 이후 100권의 인문고전 읽기를 중심으로 하는 〈시카고 플랜〉을 설정하였으며, 이후 노벨상 수상자를 수없이 배출하게 됩니다. 인문고전을 읽으며 모델을 설정하는 것, 그리고 모델의 삶을 통해 자신의 가치를 발견하는 것, 더 나아가 꿈과 비전을 연결하는 것을 학생들 스스로 실천하도록 했던 시카고 대학. 이것이 바로 인문고전 읽기, 독서교육의 힘이 아닐까 생각해봅니다.

어릴 적 사회로부터, 선생님으로부터, 부모님으로부터 "책을 읽어라."라는 메시지를 수없이 들으며 성장했습니다. 그러나 타고난 독서광이 아니었던 이유로, 대학 입시의 굴레에서 벗어날 수 없었다는 이유로, 안타깝지만 읽는 즐거움을 제대로 경험하지 못했다는 이유로, 스스로 즐겁게 읽는 독자가 되지 못한 채 성장했음을 고백합니다. 그럼에도 불구하고 어느덧 부모가 되어 제 아이에게 똑같은 메시지를 전하고 있는 저를 발견했습니다. "책을 읽어라."

아이가 성장하는 만큼 부모도 함께 자란다는 표현처럼 내 아이에게 책을 읽어주기 위해 좋은 책을 고르고, 꾸준히 읽어줄 수 있는 방법을 고민하는 사이 조금씩 성장하며 왜 읽어야 하는지, 그 진짜 이유를 알아가기 시작했습니다. 책 읽는 것 자체가 즐겁다는 것에 모두가 동의할 수 있다면 더없이 좋겠으나 사실 그 기쁨에 쉽사리 동의하지 못하는 많은 이들에게 왜 읽어야 하는가, 이유를 찾는 것

독서에도 교육이 필요하다면

은 대단히 중요할 수 있겠죠. 제 아이에게 책을 읽어주며 비로소 왜 읽어야 하는지를 이해하고 나니 방법이 궁금해지기 시작했습니다.

스스로 책 읽는 기쁨을 경험하는 경우처럼 혼자서도 제대로 읽는 방법을 터득할 수 있다면… 이라고 <들어가는 말>에 담길 문장을 입력하고는 잠시 머뭇거리는 사이. 만약 누구나 그 방법을 스스로 터득할 수 있었다면 저는 현재의 직업을 가질 수 없었겠군요, 라고 이어지는 멘트가 떠올라 늦은 시간 노트북 앞에 앉아 작은 소리로 웃게 됩니다.

네, 제 직업은 독서교사입니다. 독서가 이루어지는 공간이 비단 학교만은 아니기에, 가정에서도 학교에서도, 그리고 성인들이 모이는 그 어떤 공간에서도 독서활동을 펼치는 일을 하고 있다는 표현이 좀 더 정확할 것 같습니다. 아이를 키우며 왜 읽어야 하는지를 구체적으로 이해하고 그 방법을 찾아보고자 시작했던 공부, 어느새 저는 제 삶 대부분의 장면에서 누군가와 -제 아이에게 읽어주었던 책의 양보다 훨씬 많은 양의- 책을 읽고 있습니다. 그리고 책으로 이해하고 현장에서 배울 수 있었던 독서교육에 대한 이야기를 나누고 싶어 이 책의 첫 줄을 써내려가기 시작했습니다.

독서교육에 대한 모든 이야기를 담을 수 없었으며 여전히 매일매일 독서교육에 대한 새로운 경험들을 더해가고 있기에 〈독서교육개론서〉라는 제목을 사용할 수 없었습니다. 다만 '사람은 책을 만들고, 책은 사람을 만든다.'라는 표현처럼 지금의 저를 만들어 준 독서교육의 이야기를 또 다른 한 권의 책으로 엮어보고 싶었습니다. 스스로, 제대로 읽는 독자로 성장할 수 있다면 좋겠지만 "독서에도 교육이 필요하다면", "독서에도 교육이 필요하다고 느끼는 누군가가 있다면" 이 책이 그 시작의 문을 열어줄 수 있기를 기대합니다.

독서교육의 시작을 위한 이 책의 구성을 간단히 말씀드리겠습니다. 1장에서 독서 및 독서교육의 개념과 독서자료 선정법을 다루어 기본기를 탄탄히 다지고자 하였고, 2장에서는 구체적인 독서전략과 질문법을 다루어 실제 교육 현장에서 활용 가능하도록 구성하였습니다. 3장과 4장은 독서토론과 글쓰기를 다루어 고급 독후활동을 체계적으로 경험하고 지도하는 방법을 안내하였고, 마지막 5장에서는 매체독서의 관점에서 미디어 리터러시를 다루어 시대 변화에 맞는 독서교육의 확장을 담았습니다.

마지막으로 여전히 함께 읽으며 자라고 있는 제 딸과 독서교육의 현장에서 늘 새로운 경험을 나누며 함께 읽어주셨던 독자 분들께 감사의 인사를 전합니다.

2020년 11월
최소희

차례

| 들어가는 말 | 사람은 책을 만들고, 책은 사람을 만든다   005

1장

독서와 독서교육, 제대로 이해하기   … 015

01 독서의 이해   016
  책을 읽는다는 것, 요즘 읽고 있는 책이 있나요?   016
  여기, 지금, 독서가 더욱 강조되는 이유   018
  독서를 통해 키우는 사고력   021

02 독서교육의 이해   028
  독서와 독서교육, 독서에도 교육이 필요한가요?   028
  독서교육, 가정에서 시작하기   032
  독서교육, 학교에서 펼치기   035

03 독서교육을 위한 독서자료   040
  독서교육의 문을 여는 독서자료의 선정   040
  문학 및 비문학 자료 선정을 위한 기준   041
  독서자료, 어떻게 구성할까요?   049

2장

독서 전략, 텍스트와 적극적으로 소통하기   ··· 059

01 독서 전략의 이해   060

넛지, 적극적으로 소통하기 위한 자극이 필요하다   060

독서수업을 풍성하게 만들기 위한 독서 전략   062

독서의 흐름에 따라, 독서 전-중-후 활동   065

02 독서 전략의 활용   068

어휘에 대한 자극을 이끌어내는 브레인스토밍   068

책의 표지 탐색하기   071

시작과 끝을 담당할 수 있는 KWL 전략   073

생각 정리를 위한 마인드맵   075

생각을 정교화하는 만다라트   076

한글의 특성을 살린 초성 퀴즈   079

어휘 자극을 위한 빙고 게임   081

모든 세대가 즐기는 가로세로 낱말 퀴즈   082

03 적극적으로 소통하기 위한 질문법   085

대화를 나누듯 질문을 시작하기   085

좋은 질문을 가능하게 하는 것은 좋은 분위기이다   087

좋은 분위기가 마련되었다면 적극적으로 대화하라   089

질문에도 단계가 있다, 사실적 질문에서 추론적 질문까지   091

목표가 다르다면, 다른 질문으로 방향을 설정하라   095

수렴적 사고와 확산적 사고를 이끄는 질문   097

유대인의 질문법 하브루타   099

질문은 책을 사랑하기 시작했다는 증거   102

3장

독서토론, 유연하고 입체적인 생각 만들기 ··· 105

01 독서토론의 개념과 특성 106

독서토론이 무엇인가요? 106

독서토론이 왜 중요한가요? 109

02 독서토론의 구성 요소 113

책, 독서토론의 꽃 113

참가자, 결국은 사람 118

사회자, 심판이 필요해! 121

03 다양한 독서토론 방법 125

점점 유연해지는 독서토론모임 125

자유도서 독서토론, 아무 책이나 들고 오세요 126

지정도서 독서토론, 이 책 읽고 오세요 129

다양한 독서토론, 우선 모이세요! 책은 거들 뿐 133

04 찬성과 반대, 경쟁식 독서토론 139

스포츠와 같은 경쟁식 독서토론 139

경쟁식 토론의 개념, 왜 굳이 싸워야 하는가? 140

경쟁식 토론의 핵심 요소, 지킬 건 지켜야지! 143

경쟁식 독서토론의 과정, 치열한 그 순간을 즐기자 148

별책 **경쟁식 토론 발제법 3가지** 154

05 독서토론 잘하는 법 156

독서토론을 잘하고 싶다 156

흥미는 중요하지만, 또 중요하지 않습니다 157

주제는 꼭 하나가 아닙니다 158

집착하지 않고 거리를 둡니다 159

의도적으로 경청합니다 160

설득당해도 괜찮습니다 162

차곡차곡 정리합니다 164

4장

글쓰기, 읽은 것을 표현하기 ⋯ 167

01 워밍업 글쓰기, 어떻게 친해질까요? 168

한 줄부터 시작! 부분을 탄탄하게 연결하는 글쓰기 168
생각을 종합하고, 창조하는 전체 글쓰기 174

02 독서감상문, 무엇을 느꼈나요? 178

독서감상문의 개념, 독후활동의 꽃 178
독서감상문 쓰는 법, 마음껏 느끼기 180
독서감상문 첨삭 및 평가하기 182

03 서평, 어떤 책인가요? 186

독서감상문과 서평의 차이 186
서평 쓰는 법, 생각의 출처 찾기 188
서평 첨삭 및 평가하기 190

04 독서논술, 왜 그렇게 생각하나요? 193

독서논술의 개념, 설득하는 글쓰기 193
독서논술 하는 법, 주장과 근거의 연쇄작용 198
독서논술 첨삭 및 평가하기 201

별책 **글쓰기 평가 기준 정리** 205

5장

매체독서, 미디어는 독서의 적이 아니다 ··· 209

01 미디어 리터러시의 이해 210

　미디어의 개념, 너와 나의 연결고리 210
　미디어 리터러시의 개념, 문식성? 문해력? 212

02 미디어 특성에 맞는 맞춤형 읽기 219

　종합예술의 맛, 영화 219
　진짜와 가짜 논란, 뉴스 224
　만화의 진화, 웹툰 230
　자유로운 경험의 장, 게임 233
　무한한 연결, 소셜 미디어 238
　작지만 큰 공룡, 개인 방송 243

03 미디어를 활용한 독서지도 249

　굳이, 왜 책인가? 249
　미디어로 수업 디자인하기 251
　책과 영화의 조화 259

　| **나가는 말** | 세상엔 공짜가 없다 263
　| **참고문헌** | 265

1장

독서와
독서교육,
제대로 이해하기

01
독서의 이해

책을 읽는다는 것, 요즘 읽고 있는 책이 있나요?

"요즘 읽고 있는 책이 있나요?" 새롭게 시작되는 수업, 저는 늘 비슷한 질문을 하며 문을 엽니다. 책을 통해 만나는 여러분들께도 같은 질문을 하며 시작해 보겠습니다. "요즘 읽고 있는 책이 있나요?" 책과 관련된 이야기를 시작하기 위해, 특히 책이라는 매체를 활용하여 어떻게 가르치면 좋을까 이야기를 나누기 위해 책에 대한 각자의 기억을 떠올려 보는 것은 중요한 의미가 있겠죠.

사실 제가 정말 궁금했던 것은 "인생 책을 만나셨나요?" 정도가 맞을 듯합니다. 다만 수업을 시작하며 인생 책을 묻게 되면 (정답이 없는 질문임에도 불구하고) 정답을 찾아야 한다는 부담 때문에 많은 분들이 머뭇거립니다. 그래서 요즘 읽고 있는 책이 무엇인지 여쭤보며 최근의 기억과 책을 연결해 어떤 분이든 빨리 답해주시길 기다리게 됩니다. 그러나 사실 인생 책을 대신한 "요즘 읽고 있는 책이 있나요?"라는 질문에도 마찬가지의 머뭇거림이 느껴지는 경우가 대부분입니다. 원인을 찾는다면 '읽는다는 것'은 우리 삶과 분리될 수 없는 개념임에도 불구하고 독서가 점점 멀어지고 있는 시대를 살아가고 있기 때문이 아닐까 생각합니다.

문자가 생기기 이전 구술문화 속에서도 우리 삶에는 다양한 스토리, 이야기가 함께 해왔을 것으로 추측해볼 수 있습니다. 사람들이 모이는 곳에 이야기가 함께 했을 것이고 때론 이야기가 있는 장소에 사람들이 모이기도 했겠지요. 이야기를 기억하기 위해 그림을 그리고 암호를 사용하던 인류에게 글이라는 것이 생겨나면서부터 우리는 본격적으로 '읽기'를 시작했습니다. 글이 생겨났으나 기록할 수 있는 종이를 가지지 못했을 당시의 읽기는 꼭 기억해야 하는 무엇, 그리고 그 무엇을 읽는 특정 계층에게 한정되었던 활동이었을 것이라 짐작해 볼 수 있습니다. 가령 중세시대의 읽기가 수도원 성직자들을 중심으로 행해지던 활동이었으며 이러한 특징으로 인해 이 때의 읽기는 누군가의 전유물일 수밖에 없었던 것이 바로 그 경우입니다.

그럼에도 불구하고 기록된 문자는 빠른 파급력으로 당시를 살던 사람들의 의식을 일깨워 주었을 테고 누군가에게 전유되었던 읽기 행위는, 덜 중요한 무엇까지의 기록을 허용하며 점점 향유의 문화로 자리 잡을 수 있게 됩니다. 이후 문자를 통한 지성의 축적은 코덱스라고 표현하는 새로운 형태의 책을 통해 폭발적으로 증가한 것으로 알려져 있습니다. 지금의 책 형태와 동일하진 않았겠으나 금속판이나 종이를 묶어 제본하는 것이 가능해지자 인류의 지성은 과거와 비교할 수 없는 분량으로 차곡차곡 쌓이며 흔적을 남기게 됩니다. 문자가 생기기 이전 시대부터 코덱스 형태의 축적 활동까지 쭉 언급한 것은 바로 '책'에 대한 이야기를 시작하기 위해서입니다.

지금은 너무도 당연하게 받아들일 수 있는 코덱스 형태의 책은 어마어마한 분량의 이야기를 담아내기 시작했습니다. 그리고 인류는 이야기를 통해 세상을 알아가고, 또 그 세상을 읽기 시작했죠. 사람의 마음을 '읽는다'라고 하고 예술작품을 '읽는다'라고도 합니다. 그리고 바둑을 두면서도 수를 '읽는다'라는 표현을 사용하지만 지금부터 저는 책을 읽는 것, 그리고 책을 교육적으로 활용하는 것, 책에 대한 이야기를 시작해보도록 하겠습니다.

여기, 지금, 독서가 더욱 강조되는 이유

전자책이 우리 삶으로 들어왔으나 전자책의 등장과는 무관한 듯 우리는 여전히 종이책을 읽고 있습니다. 그럼에도 불구하고 유튜브로 대표되는 영상매체 등에 읽기 영역의 파이를 제법 내어주어야 하는 시대를 살아가며 과연 책의 미래는 어떻게 될 것인지 궁금해하기도 합니다. 즉 전자책의 등장과 더불어 종이책은 이제 곧 역사

속 유물이 되지 않을까 걱정했지만 우리는 여전히 종이책을 읽고 있으며, 동시에 우리의 아이들은 TV보다 유튜브라는 영상매체를 통해 세상의 다양한 정보를 새로운 형태로 받아들이고 있습니다.

하루 24시간, 정해진 시간 속에 읽을 수 있는 대상이 한정되어 있다고 본다면 다양한 영상매체에 집중하는 시간만큼 책을 읽을 수 있는 시간은 줄어들 수밖에 없겠죠? 그렇기에 책을 통해 세상을 알아가고 사전을 찾아 모르는 단어의 의미를 파악하던 시대는 점점 멀어져 디지털 네이티브라 불리우는 우리 아이들은 검색을 통해 세상을 이해하기 시작했습니다. '사색이 사라지고 검색이 생겨난 시대'라는 표현은 이런 사회의 변화를 잘 보여주면서 동시에 이러한 현상에 우려를 담고 있는 메시지인 것이죠. 그런데 사색 대신 검색하는 세대를 걱정하던 사이, 사색의 필요성을 제대로 고민해 보기도 전에 빠른 속도로 검색의 채널이 바뀌고 있습니다. 불과 몇 년 사이 새로운 채널들을 통해 정보를 파악하기 시작했고 그 변화를 지금, 여기의 우리가 경험하고 있기 때문이죠.

부쩍 〈인문학〉이라는 용어를 자주 듣게 되는 요즘입니다. 표준국어대사전에 따르면 인문학이란 언어, 문학, 역사, 철학 따위를 연구하는 학문을 의미합니다. 저는 물론 인문학이라는 개념이 강조되는 것을 두 팔 벌려 환영하는 입장이지만 4차산업혁명의 변화에 주목하고 있는 지금, 여기의 대한민국에서 인문학을 더욱 빈번히 언급하게 된 이유는 무엇일까요?

아이러니하게도 인문학은 바로 인공지능, 사물인터넷 등 기존과는 다른 삶의 질적 변화를 이끌 4차산업혁명이라는 용어와 함께 더욱 강조되기에 이르렀습니다. 기계화를 떠올리는 1차산업혁명, 전기가 중심이 되었던 2차산업혁명, 그리고 인터넷이 이끌었던 3차산업혁명, 인류는 4차산업혁명 이전에도 이미 역사 속에서 공식적인 세 번의 혁명을 경험했습니다. 역사적으로 하나의 사건을 계기로 그 전과 후, 질적인 변화를 경험했을 때 인류는 혁명이라는 표현을 사용합니다. 즉 변화를 경험해야 한다는 점에서 혁명이라는 용어는 역사적으로 그 사건이 지난 후대에 이름 붙여질 수 있는 개념인 것이죠. 그렇다면 아직 변화를 제대로 경험하지 못한 이 시점, 4차산업혁명이라는 용어는 적합하지 않은 표현이라고 생각해 볼 수도 있겠군요.

그러나 우리는 이미 급변하는 하루하루를 실감하고 있습니다. 그렇기에 과거의 1, 2, 3차 산업혁명을 결과의 혁명이라 표현하는 것과 비교해 4차산업혁명은 과정의 혁명이라 표현하고 있는 것이죠.

지금, 여기를 살아가는 우리는 그 변화에 대한 설렘과 동시에 두려움을 느끼며 미래사회를 궁금해하고 있습니다. 로봇과 함께 살아가야 하는 시대에 인간은 얼마나 더 편리한 생활을 누릴 것인지 기대가 됩니다. 하지만 로봇이 인간을 대체할 수 있다는 사실에 막연했던 두려움은 일자리, 직업 구조의 변화 등 현실적인 사회문제로 우리에게 끊임없는 답을 요구하고 있지요. 그리고 나는 나답게, 라는 표현처럼 로봇과 살아가야 한다면 인간은 더욱 인간답게 살아갈 수 있는 방법을 고민해 봐야 한다는 점에서 인문학이 강조되는 현상을 이해해 볼 수 있습니다. 세상이 나에 대한 데이터를 파악하기 위해 발 빠르게 움직이는 지금, 세상보다 더 빠르게 나를 이해하는 것. 이것을 위해 인문학을 더욱 강조하고 있는 것은 아닐까요?

확실한 것은 인문학이 강조되고 있는 지금, 인문학을 담는 그릇이 바로 책이라는 것입니다. 그리고 독서는 책을 읽는 행위라는 점에서 필요를 넘어 생존을 위한 전략이 될 수 있습니다.

독서를 통해 키우는 사고력

미래사회에 독서가 더욱 중요하다는 것을 뒷받침할 수 있는 보다 구체적인 근거가 또 있습니다. 이제부터 독서의 필요성을 이야기할 그 구체적인 근거 역시 4차산업혁명이라는 키워드에서 찾아보도록 하죠.

4차산업혁명이라는 용어가 등장했을 때, 미래의 변화에 주목했던 많은 경제학자들은 미래를 살아갈 인간에게 필요한 역량을 함께 제시해 주었습니다. 스마트 시대에 걸맞은 창의융합인재의 경우 창의력Creativity, 비판적사고력Critical Thinking, 소통능력Communication, 협업능력Collaboration 등의 네 가지 능력이 무엇보다 요구되며 이를 4C

능력이라고 표현하기도 합니다. 결론적으로 이야기하자면 생존을 위해 독서가 더욱 중요해지는 이 시대, 미래의 인간에게 더욱 강조되는 역량을 키우기 위해 독서는 구체적인 해법이 될 수 있다는 점입니다.

특히 지금 이 책을 읽고 있을 독자 여러분의 경우 자녀를 위해서든 학생들을 위해서든 '독서를 교육적으로 활용하기'라는 공통의 관심사를 가지고 있을 것입니다. 교육이라는 것이 인간 행동의 변화를 목표로 한다면 바로 그 인간이 키워야 할 역량을 독서활동과 연결 지어 설명한다는 것은 중요한 일입니다. 또 독서수업의 방향을 설정하고 큰 그림을 그려보는 데도 큰 도움이 될 수 있습니다.

앞으로 설명할 전략이나 질문, 토론 등은 독서교육을 위해 활용하게 될 교육방법이 될 수 있을 텐데, 독서교육에 대한 전체적인 그림을 그리고 접근하느냐 그렇지 못하느냐는 결과적으로 큰 차이를 가져올 수 있습니다. 그러므로 독서교육을 강조하기 위해 미래사회 인간에게 필요하다고 언급했던 창의력과 비판적 사고력, 소통능력 및 협업능력에 대한 구체적인 개념을 먼저 확인해보도록 하겠습니다.

교육심리학 용어사전에서는 창의력Creativity을 다음과 같이 정의합니다.

'새롭고, 독창적이고, 유용한 것을 만들어 내는 능력' 또는 '전통적인 사고방식을 벗어나서 새로운 관계를 창출하거나, 비일상적인 아이디어를 산출하는 능력'

'독창적, 전통적인 사고방식을 벗어난, 새로운, 비일상적인' 등의 용어에서 확인할 수 있듯 사실 창의성에 대한 명백한 개념을 문장으로 파악하기는 어렵습니다. 그렇기에 다양한 학술연구에서도 여전히 창의성에 대한 연구가 활발히 진행되고 있으며, 특히 스티브 잡스Steve Jobs는 이러한 창의성을 '연결'이라는 용어를 사용하여 설명하기도 했죠. 즉 기존의 것들을 연결하며 전통적인 사고방식에서 벗어난 새로운 무엇을 창조할 수 있다고 본 것입니다.

독서를 통해 창의력을 높인다는 사실에 동의하시나요? 책을 좋아하는 분들이라면, 그리고 그림책 등의 도서를 통해 교육적 접근을 시도해 본 분들이시라면 충분히 그렇다고 대답할 수 있을 것 같습니다. 문장을 통해 보이지 않는 장면을 창조해내기도 하고, 등장인물을 이미지로 완성해내기도 합니다. 물론 문장을 보기 이전, 유아들은 그림책을 보며 마음껏 상상의 세계를 펼치기도 하죠. 전략적으로 본다면 제목만 제시하며 미리 내용을 상상해 볼 수 있도록 한다거나 이야기의 결말을 새롭게 만들어보는 활동을 통해 창작 활동을 이끌어낼 수도 있습니다. 브레인스토밍을 활용할 때 상대에 대한 비판을 멈추고, 최대한 많은 키워드 이끌어내기라는 규칙을 제시하게 되는 경우 유창성을 통해 창의성을 정의하기도 합니다.

다음 비판적사고력Critical Thinking은 어떨까요? 역시 사전적 개념을 먼저 확인해 보겠습니다.

옳고 그름을 판단하는 것을 비판적인 것으로 설명하고 있으니 옳고 그름을 판단하여 사고하는 것, 그것이 바로 비판적 사고라고 할 수 있겠군요. 특히 독서와 비판적 사고는 닭이 먼저인가, 달걀이 먼저인가를 논하는 입장으로 이야기해 볼 수 있을 것 같습니다. 독서를 잘하기 위해 비판적 사고를 해야 한다고 이야기하는 것은 한편 독서활동을 지속하여 비판적 사고력을 키울 수 있음을 의미하기도 할 테니까요. 독서교육과 비판적 사고력을 연결하다보면 보통 비문학 지문을 떠올리는 경우가 많습니다. 그러나 소설을 읽으면서도 사건과 등장인물을 분석하며 비판적으로 생각해 보아야 하는 장면은 너무도 많습니다. 물론 그림책을 통해서도 충분하죠.

〈로쿠베, 조금만 기다려〉(양철북)라는 그림책 이야기를 잠간 해볼까요? 깊은 구덩이에 빠진 강아지 로쿠베를 구하기 위해 동네 아이들이 모여 방법을 고민하는 장면들은 유아에서 초등학생, 때론 성인들과의 수업에서도 정말 시끌벅적해지는 반응을 이끌어냅니다.

물론 아이디어를 내는 과정에서도 비판적 사고력은 필요할 수 있겠죠. 그러나 아이들은 로쿠베를 구출하기 위해 깊숙한 구덩이를 바라보며 주변을 지나는 어른들에게 도움을 요청합니다. 개인적으로 그때 보여주는 어른들의 행동에 대해 생각해 볼 수 있는 질문을 종종 던져보게 되는데, 이에 대한 옳고 그름을 판단해 보기 위해 학생을 포함한 독자들은 끊임없이 비판적 사고를 경험하게 됩니다.

다음 소통능력Communication은 어떻게 설명할 수 있을까요?

소통 ‹두산백과›

언어, 몸짓이나 화상 등의 물질적 기호를 매개수단으로 하는 정신적/심리적인 전달 교류

소통능력은 생각이나 뜻을 전달하는 사회적 상호작용을 의미합니다. 책을 가지고 하는 수업, 독서교육이라는 용어를 토론과 관련지어 설명하는 경우를 자주 마주합니다. 그렇기에 독서지도사 과정, 독서교육 교수전략 등에서 빼놓을 수 없는 것이 바로 토론 또는 토의 활동이죠. 물론 이 책에서도 이후 보다 깊이 있게 언급하겠지만 우리는 독서하며 끊임없이 대화합니다. 저자와 대화를 나누게 되고, 그리고 등장인물들과 대화를 나누게 되죠. 더불어 독서교육의 경우 책을 매개로 하여 교사와 학생 간, 학생과 학생 간 끊임없는 대화가 이루어진다는 점에서 참여하는 이들의 의사소통능력에

대한 향상을 기대할 수 있습니다.

앞서 예를 들었던 그림책 〈로쿠베, 조금만 기다려〉로 조금 더 이야기를 나누어볼까요? 더 이상 로쿠베가 깊은 구덩이에서 견디기 어려울 것이라는 판단이 드는 장면에서 "오늘은 여기까지!"라고 이야기하면 듣던 아이들은 안 된다고 함께 외칩니다. 그때 잠시 책을 덮고 우리라면 어떻게 로쿠베를 구출해냈을지 작전회의를 해보자고 제안하면 어른의 입장에서는 정말 생각하지 못했던 다양한 대안을 이야기합니다. 그 다양한 대안들 중에 우리가 '최고의 방법' 하나를 선택해야 한다고 이야기하면 아이들은 최선의 대안을 찾기 위해 적극적으로 의사소통하며 서로의 의견을 조율하기 시작합니다.

마지막으로 협업능력Collaboration입니다.

협업 〈표준국어대사전〉

- 많은 노동자들이 협력하여 계획적으로 노동하는 일
- 분업. 생산의 모든 과정을 여러 전문적인 부문으로 나누어 여러 사람이 분담하여 일을 완성하는 노동형태

이미 언급한 창의력, 비판적 사고력, 소통능력 등이 '독서'를 통해 키울 수 있는 능력이었다면 협업능력은 '교육'적 활동과 연결해 생각해 볼 수 있는 개념입니다. 독서교육의 현장에서 독자들, 학생들의 경우 협업할 수 있는 장면을 종종 마주하게 됩니다. 집단지성이라

는 용어로 현대사회 지식의 속성을 설명하는 경우가 있습니다. 즉 함께 읽기의 과정 속에서 각자 잘해낼 수 있는 영역을 찾고 협업하게 될 경우 최고의 성과를 경험할 수 있게 되는 것이죠.

독서지도사로, 독서교사로 책을 활용한 교육의 현장에 서야할 경우 스스로 독서의 교육적 활동에 대한 확고한 필요성을 인식할 수 있어야 합니다. 이는 곧 교육활동에 대해 교사가 가지는 신념, 교육철학으로 연결될 수 있는 부분이기도 하고요. 이 글에서는 지금 우리 사회 최고의 화두가 할 수 있는 4차산업혁명과 관련하여 그 필요성을 언급했으나 이와 다른 시각에서 그 필요성을 설명할 수도 있겠죠? 무엇이든 상관없습니다. 독서교육이라는 큰 그림을 그려본 후, 바람직한 독자의 이미지를 상상할 수 있다면 교육의 현장에서 주어지는 질문들에 대한 답을 쉽게 찾아낼 수 있을 테니까요.

독서교육의 이해

독서와 독서교육, 독서에도 교육이 필요한가요?

"독서교사입니다."라고 이야기하면 "모든 교육은 어차피 책을 통해 이루어지는 것 아닌가요?" 또는 "독서에도 교육이 필요한가요?"라는 질문을 자주 받습니다. 이러한 질문에 답이 될 수 있는 것이 바로 앞 장에서 언급했던 독서의 필요성일 수 있겠죠. 이때 독서와 독서교육의 차이점에 대해 고민해 본다면 "독서에도 교육이 필요한가요?"에 대한 답이 훨씬 명료해질 수 있습니다.

처음 독서교육에 대한 공부를 '학문적'으로 접근하기 시작했을 때의 이야기입니다. 독서교육을 이해하기 위해 우선 '독서'가 무엇인지 교수님께서 질문을 하셨습니다. 그때 한 선생님께서 저자, 텍스트, 독자, 그리고 콘텍스트의 개념을 통해 독서 행위를 이해하기 쉽게 설명해 주셨습니다. 저자와 독자 사이에 텍스트가 존재하게 되는데 텍스트 사이사이, 콘텍스트를 통해 의미를 구성해가는 과정이 바로 독서라는 것이었죠. 여러분도 동의하시나요? 독서라는 것이 결코 몇 줄의 문장으로 설명될 수 있는 행위가 아니겠으나 그때 함께 듣고 있던 많은 분들이 공감했습니다. 그렇다면 이러한 독서 행위와 구분하여 독서교육은 어떤 의미를 가질까요?

단어의 의미를 그대로 해석하여 '독서'를 '책을 읽는 활동'으로 이해한다면 '독서교육'이란 '책을 읽는 활동을 통해 이루어지는 교육'이라 생각할 수 있습니다. 여기에서 교육이 인간으로의 가치를 높이기 위해 인간이 가진 내면적 능력을 키워나가는 것이라는 점을 고려한다면 '독서교육'은 광의의 개념으로 책을 통해 이루어지는 모든 배움 활동을 포함할 수 있습니다. 보다 좁은 의미로는 효율적인 독서를 위해 그 방법을 교육하는 활동이라고 이해할 수도 있을 테고요. 이해를 돕기 위해 이러한 독서교육의 구조를 도식화한 자료를 확인해 보면 다음과 같습니다(변우열, 2009).[1]

---

1) 변우열, 독서교육의 구조(36p), [독서교육의 이해], 조은글터, 2009

〈독서교육의 요소〉

독자
- 독자의 이해
- 독서와 인격 형성
- 독서의 생활화
- 독서의 심리적 기초

지도자
- 독서교육 지도자
- 독서상담과 독서문제아
- 독서요법

독서자료
- 독서자료
- 학습 독서

교육
- 독서교육의 방법
- 독서교육 내용체계와 독서교육 계획
- 독서 후 표현활동
- 독서실태 조사 및 독서교육의 평가

  도식화한 자료를 통해 확인할 수 있는 것처럼 독서교육은 교육활동의 주체라 할 수 있는 독자와 지도자의 요소가 포함되어야 합니다. 이때 독자와 지도자는 교육활동에 참여하는 학생과 교사로 바꾸어 이해할 수 있습니다. 더불어 독자가 텍스트의 의미를 구성해가는 과정 이외에, 그 과정을 둘러싼 교육적 개입이 중요한 요소가 될 수 있습니다. 즉 독서와 구분하여 독서교육은 교육 활동을 위한 목표의 설정, 교수학습 방법에 대한 이해, 교육 활동에 대한 평가는 물론 교육철학까지 연결 지어 바라볼 수 있어야 한다는 의미이지요. 또한 독자가 읽는 책이라는 매체는 보다 구체적으로 독서교육을 위한 교육 자료로 의미를 가지게 됩니다. 즉 독서라는 개념에 교육의 의미가 더해져 '책을 읽는 행위'와 구별되는 다양한 작용들이 개입하게 됩니다. 가령 아동의 발달단계에 따라 교육장면에서 활용할 수 있는 특징을 구분해 보는 것처럼, 아래에 제시된 찰 Chall(1983)의 읽기 발달 단계를 통해 단계별로 이루어질 수 있는 독서교육의 전략이 달라질 수 있습니다.

〈Chall(1983)의 읽기 발달 단계〉

단계	단계별 특징
0단계 Prereading	- 출생에서 유치원 / 초등학교 입학 전 - 문자체계를 가진 집단에서 문자 및 책과 관련된 지식을 축적하게 됨 - 읽기 기억 및 통글자 읽기(읽는 척) - 이후 읽기 단계의 토대를 마련
1단계 Reading, Decoding	- 초등학교 1학년에서 2학년 - 문자 체계를 이해하고 습득함 - 문자와 소리를 연결할 수 있으며 개별 단어에 주로 초점
2단계 Fluency	- 초등학교 2학년에서 3학년 - 유창성을 발휘함 - 읽기 활동에 자신감을 경험 - 친숙한 단어를 사용하며 문맥을 활용하여 새로운 단어를 이해
3단계 Reading for new learning	- 초등학교 4학년 이후 - 새로운 지식, 경험 등을 위해 읽기를 활용 - 의미와 메시지에 집중함
4단계 Multiple Viewpoints	- 고등학교 시기 - 읽기의 관점을 습득하며 다양한 관점을 이해하고 다룰 수 있음
5단계 Construction and Reconstruction	- 대학생, 성인시기 - 가장 성숙한 읽기 단계 - 고도의 추상성을 발휘하여 내면화

어쩌면 이제부터 시작입니다. 독서교육을 이해하기 위한 구체적인 특징과 방법들을 고민해 보기로 하겠습니다.

독서교육, 가정에서 시작하기

독서지도사 과정에서 만나는 수강생 분들과 대화를 나누다 보면 '내 아이와 독후활동을 하기 위해' 공부를 시작했다는 말씀들을 많이 하세요. 굉장히 바람직한 경우라고 생각합니다. 엄마가 가장 좋은 선생님이라는 표현은 독서교육에서 더욱 적합할 수 있기 때문이죠. 엄마는 아이의 읽기 성향을 누구보다 잘 알고 있고 사용하는 어휘, 읽기 단계를 생활 속에서 파악할 수 있습니다. 그런데 함께 읽는 엄마가 가장 좋은 선생님인 것은 맞지만 무엇보다 중요한 것은 독서활동의 실천입니다. 누구나 할 수 있는 것이 독서이지만 막상 내일부터, 내일부터, 라며 쉽게 미룰 수 있는 것이 바로 자녀교육, 그 중에서도 특히 독서교육일 수 있기 때문이지요.

가정에서 시작되는 독서교육이라고 했을 때 제가 가장 먼저 떠올리게 되는 개념은 바로 하브루타입니다. 유대인들의 성공을 이야기하며 그들의 성공을 이끌 수 있었던 중요한 요인으로 꼽는 것이 바로 하브루타인데요, 이스라엘의 모든 교육과정에서 적용하고 있으니 사실 하브루타는 평생토록 유대인 성장의 발판이 되어 준다고도 이해할 수 있습니다. 여기에서 중요한 것은 하브루타의 시작이 바로 가정이라는 점입니다. 아이들이 성장하는 과정에서 유대교 경전인 탈무드를 이해할 수 있도록 돕기 위해 하브루타를 활용했다고 알려져 있죠. 우리나라에서 볼 수 있는 탈무드의 경우 이해하기 쉽게, 재미있게 구성된 책들이 대부분입니다. 그러나 실제 유대인의 경전은 굉장히 어렵고 난해한 내용이라고 해요. 특히 해석하는 과정에서 다양한 의견이 존재할 수 있는데, 경전을 해석하며 논쟁을 벌이던 습관에서 시작된 방법이 바로 하브루타였습니다.

이때 유대인의 부모들은 무엇보다 아이들이 가진 궁금증에 대해 질문할 수 있는 환경을 만들기 위해 노력했다고 알려져 있습니다. 유대인들의 교실에서 '저요, 저요!'가 모르는 내용에 대해 묻기 위한 신호라면 한국인들의 교실에서 '저요, 저요!'는 정답을 맞히기 위한 아이들의 반응이라는 말이 있습니다. 하브루타는 아이들의 질문 또는 그에 대한 대답을 평가하는 것 또는 미리 답을 제시하는 것을 거부하며 부모는 아이들이 스스로 답을 찾아볼 수 있도록 유도하는 역할을 하게 됩니다.

가정에서 이루어지는 독서교육이라고 한다면 어떤 장면이 떠오르나요? 아이를 무릎에 앉히고 그림책을 읽어주는 엄마 또는 아빠의 모습 아닐까요? 이러한 활동에서 두 가지 숨은 의미를 발견할 수 있는데요, 그 중 하나는 바로 '그림책의 활용'이고 또 다른 하나는 '음성으로 인식하는 독서'입니다. 우선 그림과 문장들로 이루어진 그림책의 경우 그 자체로 가치를 인정받을 수 있는데, 가정에서의 그림책은 단순히 한글교육의 차원을 넘어서서 자녀와의 대화를 풍성하게 할 수 있는 좋은 매개가 됩니다. 즉 글자를 모르던 유아기의 아이들이 아동기를 거쳐 청소년기로 성장하게 되더라도 우리는 무궁무진한 이야기 보물을 그림책 속에서 발견할 수 있습니다.

　다음 부모님이 읽어주는 그림책의 경우 아이들 입장에서는 듣는 독서활동이 될 수 있습니다. 물론 눈으로 그림을 읽어내고 그 속에서 (신기하게도!) 아이들은 숨은 의미를 스스로 잘 찾아내지만 대부분의 아이들은 음성을 통해 이해하는 독서를 먼저 경험하게 됩니다. 음성을 통해 이해한다는 점에서 듣는 독서는 문자를 읽는 독서와는 언뜻 다른 개념이라 생각할 수 있겠으나 듣기는 곧 말하기를 가능하게 하고, 듣기와 말하기 이후 읽기와 쓰기에 영향을 미치게 되죠. 독서활동을 위해 언어의 유창성은 매우 중요한 의미를 가지기 때문에 듣기는, 특히 가정에서 시작하는 듣는 독서는, 아이를 독서의 세계로 이끌 수 있는 중요한 출발점이 될 수 있음을 기억해야 합니다.

독서교육, 학교에서 펼치기

가정이라는 울타리를 벗어나 다양한 장에서도 독서의 교육적 실천을 위한 노력들을 찾을 수 있습니다. 앞서 언급했던 것처럼 최초의 문식성이 발현되기 시작하는 가정 내의 독서활동은 교육적 측면에서 그 어떠한 현장보다 중요한 의미를 지니게 됩니다. 그러나 책 읽기의 중요성을 인식하고 직접 아이들에게 책을 읽어주다 보면 때론 부모님 스스로 독서교육에 대한 전문적 배움이 필요하다는 생각을 하게 되기도 하고, 자녀들의 손을 잡고 가정을 넘어선 새로운 세계에서의 독서를 경험하기 위해 전문적인 프로그램 정보들을 수집하게 되기도 합니다. 도서관 및 지역 문화센터 등을 중심으로 한 독서 프로그램 참여가 그런 경우겠죠.

그러나 도서관 및 사교육 형태를 통한 독서교육은 아동들이 균등하게, 보편적으로 경험할 수 있는 활동이 아닐 수 있습니다. 그러므로 이 글에서는 유아기를 지난 아동기, 그리고 청소년기의 대표적 교육의 장이 되는 학교에서의 독서교육에 대해 이야기해 보도록 하겠습니다.

독서교육의 중요성을 논하기에 앞서 사실 학교교육에서 책이라는 것은 이미 교육과 분리해서 생각할 수 없는 매체입니다. 학교라는 기관을 통해 공교육이 시작되던 시점부터 학교에서는 교과서라는 책을 사용했을 테니까요. 때론 국어교육과 독서교육을 연결하여 보다 전문적인 '책 읽기'에 대한 교육이 이루어지기도 했을 테고, 교과서의 내용을 더욱 잘 이해할 수 있도록 돕기 위해 교과와 관련된 단행본의 책들을 읽으며 '권장도서'로 특히 그 중요성을 강조하기도 했습니다. 그 역사를 모두 훑기에는 어려움이 있으므로 가장 최신의 교육과정을 통해 학교 교육 내 독서활동을 확인해 보겠습니다.

2015년 개정 교육과정에서는 총론을 통해 교육과정의 개정방향을 '창의융합형 인재양성'으로 표현하고 있습니다. 좀 더 구체적으로 '인문학적 상상력, 과학기술 창조력을 갖추고 바른 인성을 겸비하여 새로운 지식을 창조하고 다양한 지식을 융합하여 가치를 창조할 수 있는 창의융합형 인재상'을 미래 사회의 인재로 제시하고 있죠.

특히 창의융합형 인재의 경우 지식정보처리, 창의적 사고, 공동체, 의사소통, 심미적 감성, 자기관리라는 여섯 개 핵심역량을 바탕으로 새로운 시대, 새로운 지식과 가치를 창출할 수 있어야 한다고 설명하고 있습니다. 결국 4차산업혁명 시대의 인재라고 표현하는 사회문화적 요구를 충실히 반영한 결과가 아닌가 생각합니다. 물론 여기까지만 살펴보더라도 2015년 개정 교육과정에서 요구하는 인재 역량은 독서를 통해 키울 수 있는 능력들과 맞닿아 있음을 확인할 수 있을 텐데요, 독서의 영역과 관련된 내용을 좀 더 세밀히 들여다보도록 하죠.

교육과정 내에서 독서는 독립된 과목으로 인정하는 대신 국어교육의 하위 영역으로 분류하고 있습니다. 다만 2009년 개정 교육과정에서 '독서와 문법'이라는 일반 영역으로 분류되었던 것에 비해 2015년 개정 교육과정에서는 '독서'라는 독립된 영역으로 표현하고 있습니다. 더불어 총론에 대한 해설 영역에서 다음과 같은 표현을 찾을 수 있습니다.

> "인문학적 소양 및 통합적 읽기 능력 함양을 위해 독서활동을 활성화 하도록 다양한 지원을 한다. 초3학년부터 매 학기 수업 시간에 책 한 권을 읽고, 생각을 나누고, 쓰는 통합적인 국어 활동을 활성화한다."

즉 교육과정 상에서 독서활동의 활성화를 직접적으로 언급하고 있으며 새롭게 '한 학기 한 책 읽기'라는 표현이 등장했습니다. 요즘 자주 듣게 되는 온책읽기, 슬로리딩이라는 학교 현장의 용어들이 결국 이러한 한 학기 한 책 읽기를 의미하는 활동일 수 있겠죠. 그렇다면 그간 교육과정에서는 독서교육을 등한시했던 것일까요?

물론 표현상 독서활동의 강화를 언급하였으나 학교 현장에서의 독서활동의 경우, 특히 중고등학교에서 무조건 환영할 수 없는 부분이었습니다. 입시위주의 교육을 위해 부족한 시간들을 쪼개어 책을 읽는다는 것을, 독서의 중요성을 이해하는 것과 별개의 문제로, 마음 편히 받아들일 수 있는 입장이 아니었던 것이죠. 그렇기에 독서활동의 중요성을 강조하는 현장 교사들을 중심으로 혁신학교, 교과독서 등의 영역에서 좀 더 실천적인 활동과 노력들이 이어지기 시작했습니다.

이러한 점 때문에 2015년 개정 교육과정에서 독서교육의 변화를 특별히 실감할 수 있는 것이라고 생각합니다. 한 학기 한 권을 읽는, 제대로 된 독서활동을 교육과정 상에 명시해둠으로써 공식적으로 실천할 수 있는 독서교육의 장이 펼쳐진 것입니다. 특히 교수학습 방법과 관련하여 독서활동을 권장하고 있는데 중학교 읽기 영역을 예로 확인해 보면 다음과 같습니다.

"책 읽기에 도전하여 성공적인 독서 경험을 하도록 하는데 초점을 둔다. 한두 차시에 걸쳐 온전히 독서만 하도록 할 수도 있고, 여러 차시에 걸쳐 수업 시간의 일부를 독서에 할애할 수도 있다. 또한 학습자가 스스로 글을 선정할 수도 있고 교사가 학습자의 흥미와 발달 수준을 고려하여 글이나 책을 선정할 수도 있다."

이러한 구체적인 안내는 학교 현장에서 독서교육을 실천하셨던 교사들의 목소리를 적극 반영한 부분이라는 해석이 있습니다. 즉 시대적·사회적 요구에 발맞추어 현실성 있는 방법을 고민하고, 끊임없이 적용해왔던 선생님들의 목소리를 통해 독서교육이 제대로 반영될 수 있었던 것입니다.

학교에서의 독서교육, 한 학기 한 책 읽기의 경우 읽기 활동과 연계된 쓰기, 토론하기, 질문하기 등 의미 있는 배움을 실천하기 위한 교사들을 중심으로 적극적인 연구가 이루어지고 있는데요, 교육이 제대로 힘을 발휘하기 위해 무엇보다 사교육과 공교육이 같은 지향점을 바라볼 수 있어야 한다는 점에서 저는 학교 밖 독서교사들의 연구 또한 보다 적극적으로 이루어질 수 있어야 한다고 봅니다. 즉 학교를 중심으로 안과 밖을 구분하기보다 '독서교육'이라는 통합된 관점에서의 접근이 그 어느 때보다 필요한 시기입니다.

03
독서교육을 위한 독서자료

독서교육의 문을 여는 독서자료의 선정

어떠한 교과이든 수업을 위한 자료 선정이 필요한 것처럼 독서교육에 있어서도 자료 선정은 매우 중요하다고 할 수 있습니다. 독서교육에서 자료선정의 큰 단위를 문학 자료 또는 비문학 자료로 구분하고, 교육을 통해 전달하게 될 핵심 키워드를 정했다면 그에 알맞은 도서를 선정해야겠지요. 실제 독서교육과 관련하여 가장 많은 질문을 받게 되는 것이 바로 '도서목록'에 대한 내용이 아닐까 싶은데요, 독서교사의 전문성이 발휘되는 순간이 바로 도서목록을 선정하는 과정입니다. 책의 생태계가 빠르게 변화하기도 하고, 수업을 하는 대상 또는 공간에 따라 수업 중 활용하게 될 교재는 매번 달라질 수 있기 때문이지요.

정치와 관련하여 진보와 보수라는 표현을 씁니다. 또 누군가는 좌익과 우익이라는 표현을 떠올려볼 수도 있겠죠. 그런데 여기에서 말하는 좌익(左翼)은 왼쪽 날개를, 우익(右翼)은 오른쪽 날개를 의미합니다. 새가 비상하기 위해서 왼쪽의 날개와 오른쪽의 날개가 모두 필요하듯 정치를 위한 진보와 보수는 함께 존재할 때 제대로 그 기능을 발휘할 수 있겠죠. 독서자료의 선정 역시 마찬가지입니다. 문학 자료와 비문학 자료라는 양쪽 날개를 균형 있게 활용할 때 최고의 교육적 효과를 거둘 수 있습니다. 이제 독서교육 자료의 양대 축이라 할 수 있는 문학 자료와 비문학 자료 각각에 대한 자료선정 기준을 확인해 보겠습니다.

문학 및 비문학 자료 선정을 위한 기준

우선 문학이란 일반적으로 정서나 사상 등을 상상력을 발휘하여 언어나 문자로써 표현한 예술 및 그 작품을 의미합니다. 대표적으로 시, 소설, 수필, 희곡 등을 포함할 수 있겠죠? 아마도 중고등학교 시절로 잠깐 돌아가 우리가 배웠던 '문학' 시간을 떠올려 본다면 독서교육에 있어서의 문학 자료를 이해하는데 많은 도움이 될 수 있을 듯합니다.

한 편의 소설을 읽으며, 소설이 쓰인 배경을 살펴보았을 테고 등장하는 인물들의 성격을 파악해 보기도 했을 테죠. 그리고 그 안에 펼쳐지는 다양한 사건들을 우리의 삶을 연결하기 위해 애썼던 기억들. 문학 작품의 경우 언어로 표현한 글의 세계가 결국 사회적/역사적 맥락과 연결되어 있다는 점에서 인간의 삶과 분리하여 생각할 수 없는, 인간 사고를 탐구할 수 있는 매우 유용한 독서자료가 된다고 할 수 있습니다. 좀 더 구체적으로 그때의 기억을 떠올려 보기 위해 잘 알려진 시를 한 편 감상해볼까요?

* * *

님의 침묵

한용운

님은 갔습니다.
아아, 사랑하는 나의 님은 갔습니다.
푸른 산빛을 깨치고 단풍나무 숲을 향하여
난 작은 길을 걸어서 차마 떨치고 갔습니다.
황금의 꽃같이 굳고 빛나던 옛 맹세는 차디찬 티끌이 되어서
한숨의 미풍에 날아갔습니다.
날카로운 첫 키스의 추억은 나의 운명의 지침을 돌려놓고
뒷걸음쳐서 사라졌습니다.

나는 향기로운 님의 말소리에 귀먹고

꽃다운 님의 얼굴에 눈멀었습니다.

사랑도 사람의 일이라 만날 때에 미리 떠날 것을 염려하고

경계하지 아니한 것은 아니지만,

이별은 뜻밖의 일이 되고 놀란 가슴은 새로운 슬픔에 터집니다.

그러나 이별을 쓸데없는 눈물의 원천을 만들고 마는 것은

스스로 사랑을 깨치는 것인 줄 아는 까닭에,

걷잡을 수 없는 슬픔의 힘을 옮겨서

새 희망의 정수박이에 들어부었습니다.

우리는 만날 때에 떠날 것을 염려하는 것과 같이 떠날 때에

다시 만날 것을 믿습니다.

아아, 님은 갔지마는 나는 님을 보내지 아니하였습니다.

제 곡조를 못 이기는 사랑의 노래는 님의 침묵을 휩싸고 돕니다.

* * *

　대한민국에서 중고등학교 시절을 보낸 이라면 누구든 한 번쯤은 들어봤음직한 시, 만해 한용운의 〈님의 침묵〉입니다. 그리고 대부분은 이 시에서 '님'은 떠나간 조국을 의미한다는 것을 기억하고 있을 듯합니다. 제 개인적인 기억으론 선생님께서 유독 '조국'을 강조하셨고, 시험 문항에서 님이 의미하는 '가장' 적합한 단어를 찾으라는 질문을 제시하셨습니다. 물론 답을 '조국'으로 선택했겠지만 그때 하지

못했던 질문이, 이후 이 시를 접하게 될 때마다 맴돌게 됩니다. "사랑하는 사람과 이별을 하고 난 후 화자가 느낀 감정들 아니었을까요?"라고 말이죠.

　대학생이 되어 전공 수업 중 다시 한번 이 시를 해석해 볼 기회가 주어졌습니다. 물론 그때 표현론적 관점에서 작가의 개인적 삶과 관련된 불교적 의미에서의 절대자, 반영론적 관점에서 당시 시대의 상황과 관련된 잃어버린 조국, 절대론적 관점에서 문학작품의 내적 요소를 해석하여 사랑하는 연인으로 바라볼 수 있다는 등의 의견을 정리하며 문학작품을 이해하기 위해 작용하는 다양한 요인들을 생각해 볼 수 있었습니다. 이렇게 텍스트를 통해 화자의 감상이 가능한 것, 그것이 바로 문학작품일 수 있겠죠.

　어린이도서관문화재단(2010)에 따르면 문학 자료 중 대표적으로 소설을 선택하게 될 경우 다음과 같은 점을 고려해야 한다고 설명하고 있습니다.[2]

* * *

권위

　권위라는 것은 하나의 작품을 만드는 사람, 즉 글 작가 또는 그림

---

2)　[도서관의 자료 선정에 관한 해외 문헌 및 사례 연구], 어린이도서관문화재단, 2010

작가 등에 대한 검증을 뜻하는 것으로 평가의 핵심은 작품에 참여한 사람들의 신뢰도와 관련된 문제라고 할 수 있다. 결국 무엇으로 작가와 그림 작가의 실력을 보증할 수 있는지, 글과 그림에서 찾을 수 있는 관련성 및 이들이 주제나 문학 형식에 기여하는 바 등에 대한 준거라고 할 수 있다.

○ 무엇으로 작가 또는 그림작가의 실력을 보증할 수 있는가?
○ 글과 그림에서 해당 작품과 유사한 자료가 있는가?
○ 자료에서 다루고 있는 주제나 문학 형식에 대하여 작가는 얼마나 잘 알고 있는가?

적절성

유명 작가의 유명 작품이라고 해도, 결국 독서 교육에 있어 중요한 것은 독자에게 적절한 수준을 유지하여 자료를 선정했는지의 여부이다. 모든 독자에게 잘 맞는 책을 고른다는 것은 불가능할 수 있으며 각각의 책은 발달 수준이 다른 독자에게, 각각의 전달 방식에 따라, 대상 독자의 흥미 수준을 고려하여 선정할 수 있어야 한다.

○ 독자의 사회적 감성적 발달단계를 고려할 때 표현방식이 적합한가?
○ 독자가 이해할 수 있는 유머를 사용하는가?
○ 독자가 관심을 가질만한 내용인가?

문학성

주제, 전체 플롯, 인물, 사건, 배경 등 문학적인 구성요소에 관련된 사항이라고 할 수 있으며 작가의 '권위'와 관련하여 실력 있는 작가는 결국 이들 요소를 조화롭게 사용하여 글을 통한 위대한 예술품을 탄생시킨다. 전달 방식이나 장르가 주제와 어울리는지, 줄거리와 인물 및 사건 등이 일관성 있게 구성이 되는지, 독자가 이해할 수 있는 상황 속에서 결말을 이끌어내고 있는지, 등장인물의 행동에 설득력이 있고 이야기를 풀어 나가는데 적절한 시점을 사용하고 있는지 등에 대한 검토가 문학성과 관련된 요소라고 할 수 있다.

> ○ 도입부는 독자의 흥미를 잡아끄는가, 이야기에 도입, 전개, 결말의 과정이 있는가?
> ○ 작가는 논리적으로 이야기를 전개시키고 있는가?
> ○ 작가는 이야기 속에서 독자가 예측할 수는 없지만, 그럴 듯한 변화와 전개를 만들어 내는가?
> ○ 어휘와 문장이 분위기를 만들어 내고 느낌을 잘 전달하는가?
> ○ 책에 대한 전체적인 느낌은 어떠한가?

* * *

문학 자료와 구분하여 비문학 영역의 독서자료를 구성해야 할 경우 가장 대표적으로 생각할 수 있는 글의 형태는 설명적인 글과 설득하는 글입니다. 문학 자료의 영역이 방대한 만큼, 아니 어쩌면 그 이상 독서교육에서 사용할 수 있는 비문학 자료는 무궁무진합니다. 문학 자료에서 중요한 것이 창작과 감상이었다면 비문학 자료에서는 정확하게, 그리고 논리적으로 정보를 받아들일 수 있어야 합니다. 그렇기 때문에 비문학 자료는 저자의 논리적인 사고의 흐름이 반영될 수 있어야 하고 독자는 글로 된 정보들을 제대로 이해하기 위하여 사실적 정보들을 파악하고 글로 명시되지 않은 내용을 추론하고 비판적으로 사고할 수 있어야 합니다.

이후 설명하게 될 독후활동과 관련하여 독자에게 도움이 될 수 있는 전략들을 사용하는 것도 중요하지만 그에 앞서 제대로 된 자료들을 선정하는 활동이 중요합니다. 문학 자료의 경우와 마찬가지로 어린이도서관문화재단(2010)에서 알려주는 비문학 자료의 내용 선정 시 고려해야 할 점을 정리해 보면 다음과 같습니다.

* * *

정확성

정확성은 제공된 정보 자체의 정확성을 의미하는 것으로 신뢰성과 관련된다. 여기에서 의견은 사실과는 구분되어야 하며 가능한 편견 없이 제시되어야 한다. 특히 과학, 기술, 정치 등과 관련된 정보는 최신성이라는 시간적 요소도 함께 고려되어야 하며 정보의 정확성을 표현하기 위하여 출처의 확인이 필요한 경우도 있다.

○ 작가는 사실과 의견을 구분하고 있는가, 편향된 의견을 제시하고 있지는 않는가?
○ 사진자료가 믿을 만한가, 작품에 사용된 정보의 출처를 알 수 있는 기술내용이 있는가?
○ 최신의 정보로 출처를 밝히고 있는가?

범위

범위는 작가의 의도 및 목적, 책에서 보여주는 내용의 넓이 또는 깊이와 관련된 문제로 설명하는 글에서는 더욱 중요한 선정의 기준이 될 수 있다.

○ 책의 목적은 무엇이며 그 목적이 독자의 요구를 만족시키는가?
○ 작가는 작품을 통해 그 목적을 얼마나 충실히 수행하였으며 작품의 제한사항에 대하여 기술하였는가?
○ 관련정보에 대한 기술은 개괄적인가, 세부적인가 또는 전문적인가?

정보의 구성

잘 정리된 글, 잘 설명하고 있는 자료에서는 독자가 쉽게 원하는 정보를 찾아볼 수 있다. 즉 이를 위해 중요한 내용을 강조하며, 흐름에 따라 기술하고 논리적으로 전개하여 정보를 활용하기 쉽게 배치할 수 있어야 한다.

○ 정보가 한 부분에서 다른 부분으로 자연스럽게 연결되는가?

○ 내용은 논리적으로 전개되는가?

○ 책의 장이나 절이 독립적으로 사용될 수 있는가 아니면 순차적으로 읽어야만 하는가?

○ 작가는 중요한 개념을 강조하여 밝히고 있는가?

○ 주요 사항에 대하여 요약이나 검토 내용을 제시하고 있는가?

* * *

책과 독자가 마주하는 지점에서, 독서교육을 목표로 한다면 문학자료와 비문학 자료를 함께 활용하며 이해의 폭을 넓히는데 도움을 줄 수 있습니다. 독서교육 프로그램을 설계할 때 문학도서와 비문학도서를 교차 활용하여 제시한다거나 문학도서 및 그림책 등을 신문사설과 연결해보는 것 등이 대표적인 경우이죠. 그러므로 독서교육을 풍성하게 디자인하기 위하여 이러한 자료들을 어떻게 구성할 것인지 고민해 볼 필요가 있습니다.

독서자료, 어떻게 구성할까요?

다양한 준거를 바탕으로 독서자료를 선정하였다면 이러한 자료들을 효과적으로 구성하여 배치하기 위한 노력이 필요합니다. 이 활동 역시 독서교사의 전문성이 발휘되어야 하는 순간이기도 하죠.

학생들은 주어진 텍스트를 읽으며 기본적인 의미를 이해하고, 스스로가 가진 배경지식을 바탕으로 의미를 더해 이해의 폭과 깊이를 더욱 확장해 나갈 수 있게 됩니다. 이러한 이유로 학생들이 즐거워하는, 몰입할 수 있는 독서수업을 위해 배경지식을 자극할 수 있는 다양한 텍스트의 구성과 적용은 꼭 필요합니다.

자료의 구성 방법에 대해서는 많은 연구가 선행되었는데 특히 하트먼Hartman & Allison은 '화제topic'를 중심으로 한 다중텍스트의 구성 방식으로 보완 관계 텍스트 구성 방식complementary text arrangement, 논쟁 관계 텍스트 구성 방식conflicting text arrangement, 통제 관계 텍스트 구성 방식controlling text arrangement, 대화 관계 텍스트 구성 방식dialogic text arrangement, 변형 관계 텍스트 구성 방식synoptic text arrangement 등 다섯 가지를 제시했습니다. 독서교육이 이루어지는 현장에서 학생들, 즉 독자들은 인식하지 못하더라도 교사에게 이 부분은 수업의 완성도, 수업의 정교함을 살리기 위해 아주 유용한 부분일 수 있음을 강조했으니 지금부터 이 다섯 가지 구성 방식 각각의 개념을 정리해 보기로 하죠.[3]

---

3)   김도남, [상호텍스트성과 텍스트 이해 교육], 박이정, 2003

〈보완 관계 텍스트 구성 방식〉

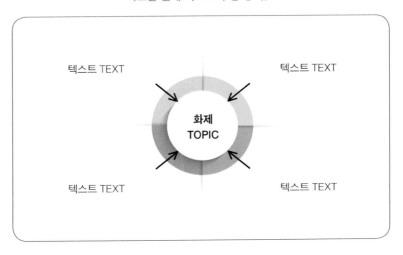

보완 관계 텍스트란 하나의 화제에 대해 서로 그 내용을 보완하고 보충하는 내용으로 구성하는 방법을 의미합니다. 그림에서 확인할 수 있는 것처럼 하나의 화제 키워드를 정하고 여러 텍스트의 내용을 통해 그 키워드의 의미를 더욱 확장해 나갈 수 있다는 점에서 독서수업 중 많이 활용되는 주제통합독서라는 용어와 관련지어 볼 수도 있습니다. 즉 하나의 개념에 대해 다양한 면이 점차 늘어가며 모자이크 형태의 더 큰 면으로 확장, 재구성이 이루어지며 독자들은 더 깊은 사고 활동을 경험할 수 있습니다.

아이에서 성인 독자에 이르기까지 흥미를 가지고 참여하게 되는, 무엇보다 여러분들께서 잘 알고 계실 앤서니브라운Anthony Browne

의 그림책을 예로 설명해볼까요? 세계적으로 유명한 앤서니브라운은 특히 우리나라에서도 큰 사랑을 받고 있는 그림책 작가입니다. 앤서니브라운의 그림책 중 〈행복한 미술관〉(웅진닷컴)은 작가의 자전적 이야기를 담고 있는 작품이라고도 이야기하죠. 어느 날 가족 모두가 미술관 나들이를 나서며 아버지와 어머니, 그리고 형과 나의 이야기가 펼쳐집니다. 그림책을 통해 가족이라는 주제를 이야기하기 시작할 때, 보완 관계 텍스트 구성 방법으로 보여줄 수 있는 그림책은 무궁무진합니다. 특히 앤서니브라운의 〈우리 아빠〉(웅진주니어), 〈우리 형〉(웅진주니어) 등의 또 다른 그림책과 연결하며 가족에 대한 화제는 더욱 풍성해질 수 있게 될 테고, 나의 가족과 연결한 다양한 독후활동을 이어갈 수 있게 되죠.

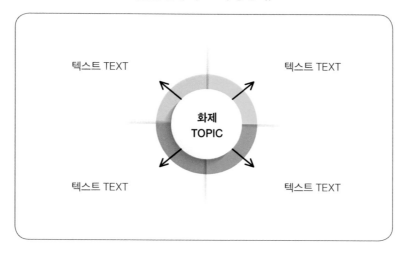

〈논쟁 관계 텍스트 구성 방식〉

하나의 화제를 보충하여 구성하게 되는 보완 관계 텍스트 구성 방식과는 달리 논쟁 관계 텍스트 구성 방식은 대립, 서로 다른 관점이 강조됩니다. 그림에서 알 수 있는 것처럼 이 구성 방식을 통해서는 하나의 화제에 대해 다양한 주제와 대상, 다각적 양상 등을 확인할 수 있으며 이는 동일 화제에 대해 서로 다른 관점의 텍스트들을 제시하는 것을 의미하죠.

다양한 관점을 경험하며 독자는 자신이 가진 개념 및 신념 체계를 확장해 나갈 수 있게 되고, 비판적 사고의 발판을 마련할 수 있겠죠? 역시 앤서니브라운의 작품으로 예를 들어보겠습니다. 앤서니브라운의 대표작이라 할 수 있는 〈돼지책〉(웅진주니어)은 다양한 아이러니를 담고 있는 작품이기도 하죠. 스튜어트 밀의 "배부른 돼지보다 배고픈 소크라테스가 되리라."라는 표현을 떠올려보자면 돼지와 책을 연결한 제목부터 묘한 궁금증을 불러일으킬 수 있는 그림책이기도 합니다.

앞서 보완 관계 구성 방식에서 예를 들었던 작품들과 구분해보자면 〈돼지책〉역시 가족을 화제로 하고 있으나 관점이 많이 다름을 확인할 수 있습니다. 가족 간의 역할에 대해 다양한 이야기를 이끌어내며 토론 활동으로 연결해 보기에도 안성맞춤인 책이죠. 즉 논쟁 관계 텍스트를 접하며 독자는 다양한 관점을 경험하고 신념의 변화까지 이끌어낼 수 있는데, 이에 대한 부분은 토론의 개념을 다루며 좀 더 깊이 있게 살펴보도록 하겠습니다.

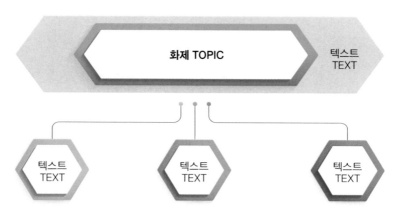

통제 관계 구성 방식은 하나의 텍스트가 또 하나의 다른 텍스트를 이해하는 데 기준이 될 수 있는 경우입니다. 기준, 표본이 된다는 것은 대표성을 의미하는 것이기도 하겠죠? 즉 기준이 되는 텍스트가 권위를 가질 수 있음을 의미하는데, 독자가 다른 텍스트들을 이해할 수 있는 전략적 장치로 활용할 수 있어 중요한 의미를 가집니다.

앤서니브라운의 작품들을 특별히 포스트모던 그림책으로 분류하기도 합니다. 기존의 전통적인 그림책이 가지고 있었던 특징들을 전복시키는 요소들을 찾을 수 있기 때문이죠. 다소 엉뚱하다고 느낄 수 있는 표현들이나 특별히 기승전결의 구조를 따르지 않는 내용 전개 방법 등에서 포스트모던 그림책이 가지는 특징을 설명할 수 있는데, 이러한 특징이 어린 아이들의 미디어 리터러시를 높이는데 도움이 된다는 연구결과들을 바탕으로 독서교육의 자료로 자주 활용합니다.

앤서니브라운의 그림책 중 특히 포스트모던 그림책의 특징이 잘 담긴 〈공원에서 일어난 이야기〉(삼성출판사)를 중심으로 다른 자료들을 엮어보며 다양한 전복적 요소들을 찾아나간다면 이는 하나의 기준이 되는 독서자료가 될 수 있습니다.

〈대화 관계 텍스트 구성 방식〉

대화 관계 텍스트 구성 방식은 하나의 화제를 정하고 그에 대해 다양한 관점에서 논의할 수 있는 여러 텍스트들을 선정하여 구성해 보는 방법입니다. 가령 하나의 인물을 주인공으로 하여 연재되는 이야기를 대화 관계 텍스트로 다룰 수 있는데, 각각의 텍스트의 인물과 대화하듯 연결고리를 형성할 수 있다는 점에서 시리즈 형태

의 그림책 등을 포함합니다.

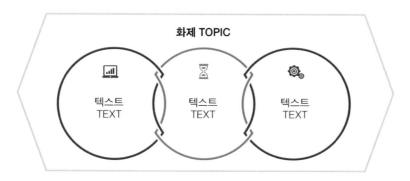

〈변형 관계 텍스트 구성 방식〉

마지막으로 변형 관계 텍스트 구성 방식은 하나의 사건이나 이야기에 대해서 다양하게 변형된 텍스트를 함께 구성해 보는 것입니다. 역시 독서교육의 현장에서 종종 사용되는 그림책으로 예를 들어보자면, 패러디 형태의 그림책이 있습니다. 원작이 되는 작품과 그것을 변형하여 제시하는 또 다른 작품을 연결하여 독서교육 활동에 참여하는 독자들의 흥미를 유발해 보는 것이죠.

교과서에도 수록되어 더욱 유명해진 존세스카Jon Scieszka의 그림책 〈늑대가 들려주는 아기돼지 삼형제 이야기〉(보림)를 떠올려볼까요? 원작이 되는 〈아기 돼지 삼형제〉와 연결하여, 유사한 구조이지만 전혀 다른 이야기를 제시하는 또 다른 독서자료를 통해 적극적인 참여를 이끌어낼 수 있습니다.

독서교육이 독서의 본질을 따르되, 교육이라는 특수성을 발휘하기 위해서 독서수업은 하나의 예술작품으로 디자인될 수 있어야 합니다. 참여하는 학생 또는 독자는 인식하지 못하더라도 교사는 문학 자료와 비문학 자료 등을 다양한 기준으로 엮어내며 전문성을 발휘할 수 있어야 합니다. 그렇기에 독서교육을 고민하시는 분들은 맛있는 음식을 위해 재료를 버무리듯, 자료를 섞고, 엮어나가는 방법을 익힐 수 있도록 노력해야 합니다.

2장

독서 전략,
텍스트와 적극적으로
소통하기

넛지, 적극적으로 소통하기 위한 자극이 필요하다

독서활동에서 지향하는 바람직한 독자는 어떤 모습일까요? 즐겁게 읽는 독자, 능동적으로 읽는 독자, 비판적으로 읽는 독자, 독서는 취미를 위한 활동이기도 하고 배움을 위한 활동이기도 합니다. 즉 독서활동의 가치를 어디에 두느냐에 따라 바람직한 독자상은 달라질 수 있습니다.

이는 독서교육의 현장에서도 마찬가지입니다. 독서교육을 통해 학생들이 스스로 책을 읽게 하는 것에 목표를 둘 수도 있을 테고, 때론 제대로 읽게 하는 것에 목표를 둘 수도 있겠죠. 제 경우 독서교육의 목표와 관련된 질문을 받게 되면 '즐겁게' 읽는 독자를 지향한다고 답하게 됩니다. 노력하는 이는 즐기는 이를 따를 수 없다는 표현처럼 독서를 즐기게 될 경우 독자는 자연스레 스스로, 정확하게 읽는 방법을 체득할 수 있을 것이라 믿기 때문입니다. 그럼에도 불구하고 독서교육의 현실을 들여다볼 경우 독서교육에서 강조되고 있는 키워드 중 하나가 바로 '전략'입니다.

특히 사교육 현장에서의 독서교육은 더욱 '전략'에서 자유로울 수 없습니다. "우리 아이는 책을 많이 읽는 것 같지만 물어보면 핵심을 몰라요." "초등학교 1학년 때의 글쓰기 실력에서 좀처럼 나아지지 않는 것 같아요." "책 읽는 속도가 너무 느려서 시험 볼 때 제대로 지문을 읽을 수 있을지 걱정이랍니다." 부모님들과의 첫 상담 때 종종 듣게 되는 대화의 내용이죠. 결국 부모님들의 표현이 조금씩 다르긴 하지만 전략에 대한 필요성을 말씀하시는 것으로 이해해 볼 수 있습니다. 함께 재미있는 책 한 권을 나누어 읽고 마음껏 상상의 나래를 펼칠 수 있다면 좋으련만, 독서교육은 결국 교육적 효과를 고민해야 합니다. 또한 책 읽기를 스스로 '즐기는' 경지에 이르지 못한 대부분의 학생들은 교사가 주도하는 독후활동을 경험하게 되죠.

한 가지 당부하고 싶은 것은 넛지nudge처럼 전략을 자극제로 활용하되, 골조가 드러나지 않도록, 최대한 자연스럽게 활동으로 이끌어낼 수 있어야 한다는 사실입니다. 넛지는 팔꿈치로 슬쩍 찔러주는 행위로 강요에 의하지 않고, 티 나지 않는 개입을 통해 변화를 유도할 수 있는 방법을 뜻하는 용어입니다.

〈넛지〉(리더스북)라는 동일한 제목을 가진 책을 통해 이미 많이 알려진 개념인데요, 예를 한번 들어볼까요? 만약 학생들에게 음식을 제공하는 경우 영양사는 식단의 구성내용을 바꾸지 않은 채, 배열을 새롭게 함으로써 학생들의 섭취량에 변화를 이끌어낼 수 있습니다. 이 경우 넛지효과를 확인할 수 있었다고 말하죠. 이를 교실 상황에 적용해 보자면 학생들이 독서활동의 적극성을 키워나갈 수 있도록 정황 또는 맥락을 제공하기 위해 교사는 선택설계자로 작용할 수 있습니다. 즉 전략을 사용하고 전략을 알려주되, 티 나지 않는 자극제로 작용하여 독서활동에 대한 자연스러운 변화를 이끌 수 있어야 한다는 것이 중요합니다.

선택설계자로 작용하기 위해 독서교사라면 독서 전략을 개념적으로 이해하는 것이 전제되어야겠죠? 티 나지 않게, 슬쩍 활용할 수 있어야 할 테니까요. 지금부터 기본적인 전략의 개념들에 대해 이야기해 보도록 하겠습니다.

독서수업을 풍성하게 만들기 위한 독서 전략

독서수업을 진행하게 되는 교사 또는 독서모임 리더의 경우 누구든 매번 각 책에 알맞은 독서 전략을 고민할 수밖에 없습니다. 다만 독서교육에 있어서 전문가라고 표현할 수 있는 숙련된 교사의 경우 처음 시작하는 선생님들과 비교하여 이러한 전략의 활용에서 노련

함을 보여주는 경우가 많죠. 앞서 설명한 넛지효과와 더불어 마태효과로도 이해할 수 있겠군요. '무릇 부자는 더욱 부유해지고, 가난한 사람은 더욱 가난해지리라'는 성경(마태복음)의 한 구절처럼 성공적으로 독서 전략을 활용했던 경험은 부익부 현상에 의해 더욱 풍성한 독서수업을 이끌어 나갈 수 있게 되리라는 것입니다. 지금부터 독서 전략의 부익부 현상을 기대하며 독서교육의 전-중-후 단계에서 활용할 수 있는 대표적인 전략들을 확인해보기로 하죠.

이론적으로 독서 전략에 접근하고자 할 경우 사실 조금 오래된(시간이 지난) 연구 결과들을 언급하게 됩니다. 이유는 바로 독서교육의 연구영역에 있어서도 유행, 흐름이라는 것이 있기 때문입니다. 전략의 사전적 의미는 '어떤 목표에 도달하기 위한 최적의 방법'(Basic 고교생을 위한 국어 용어사전)입니다. 그렇기에 독서 전략은 책을 읽는 활동 중에 독자가 가지는 책읽기의 목표에 도달하기 위해 최적의 방법을 활용하는 것을 의미합니다. 즉 효율성을 강조하는 책읽기의 경우 독서교육을 향한 기능주의적 접근으로 이해할 수 있어요.

여기에서 잠시 독서교육 연구에 대한 큰 흐름에 대해 언급할 필요가 있을 듯합니다. 독서교육을 하나의 거대한 흐름으로 바라볼 경우 1960년대 이전까지의 행동주의적 관점, 1960년대 이후의 인지주의적 관점, 그리고 그 이후 사회 구성주의적 관점으로 시기를 구분해 볼 수 있습니다. 행동주의적 관점은 독서의 과정보다 결과에 집중했기 때문에 독서교육에서 중심이 되는 것은 텍스트, 즉 글이었습니다. 그런데 텍스트를 세분화하고, 수용하는 것을 강조했기 때문에 수동적 독자를 길러낼 수 있다는 점이 한계로 작용하게 되었지요.

이러한 한계를 극복하기 위하여 인지주의적 관점에서의 접근이 이루어지게 됩니다. 인지주의적 접근은 주어진 텍스트에 대한 독자의 능독적인 의미구성을 강조했기에 독자에 대한 다양한 연구가 이루어질 수 있었고 독서교육의 큰 성장을 이끌어낼 수 있었죠. 독서의 다양한 전략들 역시 이러한 인지주의적 접근의 결과로 이해할 수 있으나 문제는 방법과 전략을 너무도 강조한 나머지 목표와 수단에 대한 주객전도를 우려할 수밖에 없었다는 것입니다.

이후 사회 구성주의적 관점에서는 독자를 둘러싼 상황과 맥락 등에 주목하였고 독서교육, 하면 쉽게 떠올리게 되는 토론과 토의 등의 활동을 통해 의미구성의 주관성을 강조하기 시작했습니다. 우리나라의 경우 책을 잘 읽는 방법, 책을 정확히 이해하는 능력 등과 관련하여 인지적 전략을 활용하는 측면에서의 독서교육에 대한 관심이 높은 편이었고 그 과정에서 전략에 대한 논의가 활발히 이루어질 수 있었던 것이죠. 이제 바로 그러한 전략에 대해 이야기를 시작해보겠습니다.

독서의 전-중-후 과정에서 활용할 수 있는 전략들을 구분하여 설명하는 경우가 대부분이지만 그보다 더 중요한 것은 각 과정의 목표가 무엇인가를 이해하는 것입니다. 즉 책을 읽기 전, 책을 읽는 과정, 책을 모두 읽고 난 후 독서교육 현장에서 활용할 수 있는 목표가 무엇인지 이해하게 되면 전략을 선택하여 활용하는 것은 어렵지 않습니다.

독서의 흐름에 따라, 독서 전-중-후 활동

독서 전 활동은 텍스트의 화제나 개념에 대한 독자의 배경지식을 형성하고 활성화시킬 수 있어야 합니다. 글을 읽기 전 동기 유발이 잘 되었거나 배경지식이 풍부할수록 독자는 읽기 과정에 능동적으로 참여할 수 있겠죠. 따라서 배경지식을 형성하고 활성화시킬 수 있으며 독서 동기를 유발하기 위한 구체적인 방법들을 고민하게 될 경우 이것이 바로 세부 전략이 될 수 있습니다.

독서 중 활동은 도서를 읽어 나가는 행위 자체로 이해할 수 있습니다. 즉 독자가 한 편의 글을 읽기 시작하면서 글의 중심 생각을 찾고 질문과 점검을 통해 글의 의미를 찾아가는 활동이죠. 그렇기에 읽기 중 독서 전략은 독자가 스스로 질문을 만들면서 계속적으로 그 내용에 관심을 갖도록 하고, 처음 예측한 것이 맞는지 점검하면서 읽어나갈 수 있다는 것에 초점을 맞추어 진행할 수 있어야 합니다.

특히 앞서 말씀드린 것처럼 우리나라에서의 독서교육은 인지적 관점에서의 접근이 주를 이루었습니다. 그 결과 독서 중 과정에서 정확히, 비판적으로 읽을 수 있는 다양한 전략들에 대해 고민할 수 있었지만, 독서교육 현장의 선생님들은 이러한 현상으로 인해 책에서 멀어지는 독자를 만든 것 아니었을까 하는 의문을 던지게 됩니다. 즉 정답을 찾는 독서활동을 강조하게 될 경우 즐기며 읽는 것에 소홀해질 수 있다는 점에서 오히려 독자들이 책에서 멀어지지 않을까 염려하게 된 것이죠. 그렇기에 꼭 기억해야 할 것은 독서교육이 자발적 독자의 성장을 돕기 위해 정확히 읽는 것에 대한 연습은 물론 즐겁게 읽는 것도 중요한 의미를 가질 수 있어야 한다는 점입니다.

마지막으로 독서 후 활동은 읽기 목적에 대해 평가하고, 내용에 대해 요약하고, 새로운 상황에서도 적용해 보는 활동을 포함할 수 있어야 합니다. 즉 독자의 능동적인 참여를 강조해야 하고, 독자 스스로 글을 읽어가는 과정에서 끊임없이 주어지는 정보를 탐색하고 해석하고 재구성할 수 있어야 하기에 좀 더 종합적이고 전체적인 관점에서 독후활동을 고민할 필요가 있습니다.

읽기 활동에서 정확히 읽는다는 것, 읽은 내용을 명료하게 정리하고 그것을 내 생각으로 다시 표현할 수 있다는 것은 교육활동의 핵심이 될 수 있겠죠? 그렇기에 저는 독서 중 활동 단계에서 정확하게 읽는 것, 비판적으로 읽는 것에 대한 전략을 좀 더 강조하고 있습니다. 이와 다르게 독서 전 활동에서는 동기부여를 위해 재미와 흥미의 요소가 반영된 전략을 활용하고, 독서 후 활동에서는 정답이 아닌 확장형 활동을 통해 상상력과 창의력을 뒷받침해 줄 수 있는 방법을 고민하게 됩니다.

이러한 독서 전-중-후 과정의 의미를 살피며 각각의 독서 전략을 구체적으로 언급하지 않은 것은 이 영역은 독서 전 활동이고, 저 영역은 독서 중 활동에 포함된다, 라는 명확한 구분이 위험할 수 있기 때문입니다. 독서교사, 독서활동을 이끌어 나가는 리더가 전략의 개념과 특징을 명확히 이해하고 있을 경우 이러한 전략들은 각 상황에 맞춰 유연하게 적용할 수 있을 텐데요, 주로 활용할 수 있는 전략을 사례 중심으로 정리해 보겠습니다.

독서 전략의 활용

어휘에 대한 자극을 이끌어내는 브레인스토밍

브레인스토밍Brainstorming은 미국의 한 광고 회사 대표였던 오스본Osborn이 직원들의 상상력을 자극하기 위해 사용한 방법으로 알려져 있습니다. 일정한 주제에 대하여 회의 형식을 빌려 구성원들이 가진 의견을 공유하다 보면 새로운 아이디어를 만들 수 있을 것이란 믿음에서 말이죠.

브레인스토밍, 어휘가 가진 의미대로 두뇌에 폭풍이 몰아치듯 생각나는 아이디어를 산출하는 방법이며 다음과 같은 원리에 따릅니다. 우선 한 사람이 내는 의견보다 여러 사람이 포함된 집단에서 아이디어를 많이 내게 된다는 것, 그리고 숫자가 많을수록 우수한 아이디어가 나올 가능성이 높다는 것, 비판이 가해지지 않는 상황에서 아이디어는 더욱 풍성해질 수 있다는 것!

그렇기 때문에 브레인스토밍 활동에서 요구하는 규칙은 매우 간단합니다. "다른 사람의 의견을 판단하지 말 것"과 "무조건 보다 많은 의견을 제시하는 쪽이 승리자가 됨", 즉 다른 사람의 의견을 판단하지 말되 내가 가진 아이디어를 점점 더 자유분방하게 확산시켜 나갈 수 있다는 점에서 이것은 일종의 자유연상법이라고도 할 수 있죠.

독서 전 활동에서 브레인스토밍은 주로 어휘에 대한 느낌 살리기로 활용하는 경우가 많습니다. 어린 아이들부터 성인에 이르기까지 모두 적용 가능한 그림책을 예로 들어볼까요? 동일한 그림책을 가지고, 동일한 어휘를 통해 브레인스토밍을 하더라도 그 결과는 상당히 달라지는 것을 경험할 수 있습니다.

가을이 한창 무르익던 어느 즈음, 초등학교에서 저학년과 고학년을 대상으로 한 수업과 성인 학부모 독서 동아리 모임을 함께 진행해야 하는 날이 있었습니다. 그 날 모든 수업을 여는 활동으로 〈솔이의 추석이야기〉(길벗어린이)라는 유명한 그림책을 활용했고, "추석" 하면 떠오르는 단어를 마음껏 찾아 써보는 활동으로 모든 수업의 문을 열었습니다. 물론 중요한 원칙은 두 가지, 다른 사람의 의견을 판단하지 말 것과 무조건 많은 단어를 표현하는 쪽이 우승이라는 것을 기억하면서 말이죠. 정해진 시간을 2분으로 제한했습니다. 2분 동안 생각나는 단어들을 쭉 써보고 그 중 하나씩만 돌아가며 의견을 공유해보기로요.

저학년 학생들의 경우 운동회가 열린 듯, 시작 소리와 함께 자신의 생각들을 써내려가기 바빴습니다. 주로 추석 때 먹는 음식들을, 추석이 명절이라는 것을 떠올린 친구들은 또 다른 명절을, 그리고 추석 때 만나는 가족들을 연결한 어휘들이 많았습니다. 고학년 학생들 역시 추석하면 떠오르는 풍경 속에서 다양한 단어들을 적어내려갔는데, 생각을 공유하는 과정에서 "침대"라는 단어를 선택한 친구가 있었어요. 어디선가 "그게 추석이라는 단어랑 어울려요? 반칙이잖아요!"라는 의견이 들려오는 듯했으나 중요한 규칙을 다시 한번 언급했습니다. "다른 사람에 대한 의견을 비판하지 말 것" 나중에 알고 보니 침대를 떠올린 친구는 추석이 되면 만나는 삼촌이 아빠와의 어린 시절을 기억하며 들려준, 침대를 차지하기 위해 매일 싸워야 했다는 추억 속 장면에서 추석이라는 단어를 연결했던 경우였습니다.

아이들의 적극적인 반응에 힘이 나는 수업을 마치고 오후에 학부모님들을 만났을 때는 어땠을까요? 학부모 동아리에 참석한 대부분의 분들이 여성이었다는 것을 추측해본다면 "추석"이라는 단어가, 활동의 문을 열기도 전에 얼마나 많은 이야기를 이끌어냈을지 충분히 상상 가능하실 것입니다. 수업의 대상과 본 수업 중 활용하는 주제도서, 장소가 모두 달랐지만 적극적인 브레인스토밍은 수업 전 서로에게 마음을 열고 적극적 발언을 유도할 수 있다는 점에서 언제나 좋은 전략이 될 수 있습니다.

물론 수업 문 열기에서도 좋은 전략이 될 수 있지만 브레인스토밍은 책에서 파악한 문제의 해결책을 찾기 위해서도 좋은 전략으로 활용될 수 있습니다. 문학작품을 읽는 경우 하나의 사건을 통해 위기를 맞이하는 순간, 잠시 책을 덮습니다. 그리고 마치 회의를 하듯 앞뒤로 둘러 앉아 즉석에서 해결책을 브레인스토밍하다 보면 뒤 내용에 대한 추론은 물론 상상력을 자극하여 책의 내용에 더욱 몰입하도록 하는 요소가 될 수 있겠죠. 또한 글쓰기 활동으로 연결할 경우 브레인스토밍은 독후활동 단계에서 각자의 주제를 찾는 적극적인 전략이 될 수 있습니다.

책의 표지 탐색하기

브레인스토밍을 통해서 생각의 문을 열게 하는 방법을 안내했을 때 어떤 생각을 하셨나요? 사실 독서수업에서의 전략은 거창한 활동을 의미하는 것이 아닙니다. 그런 의미에서 하나의 명확한 전략에 의존하는 것보다 수업의 흐름 중에, 책을 읽고 내용을 나누는 활동 중에, 적절한 시기와 알맞은 방법을 실제 적용할 수 있어야 합니다.

책의 표지를 탐색하는 것 역시 독서 수업의 문을 열고 방향을 이끄는 좋은 전략이 될 수 있습니다. 그런데 이런 전략을 소개할 경우 '참신하다는 반응'과 '표지를 탐색하는 것은 당연한 것 아닌가요 라는 반응'을 확인할 수 있는데요, 너무도 당연히 여기는 활동이지만 종종 그 의미를 잊고 지나치기도 합니다. 마치 늘 가까이 있어 대상의 소중함을 잊고 살아가는 것처럼 말이죠.

지금 주변의 어떤 책이든 좋습니다. 가까이 있는 책을 한 권 선택한 후 표지를 자세히 살펴보죠. 한 세상을 담을 수 있고, 한 사람의 삶을 담을 수도 있는 책의 경우 제목 선정 만큼 중요한 것이 책의 표지 구성입니다. 책의 표지는 독자를 가장 먼저 만나게 되는, 책을 구성하는 또 하나의 페이지일 수 있습니다. 제목이 무엇인지 알 수 있는 공간이기도 하고, 책을 쓴 저자 및 출판사 등에 대한 정보를 얻을 수도 있습니다. 저 역시 지금 가장 가까이 있는 책을 확인해 보겠습니다. 〈10대를 위한 그릿〉(다산에듀)이라는 제목의 책입니다. 저자는 물론 출판사에 대한 정보를 확인할 수도 있습니다. 그리고 또 다른 메시지들이 눈에 들어오는군요. "청소년을 위한 꿈과 자신감의 비결", "중요한 것은 재능이 아니라 그릿이다.", "전 세계 독자가 극찬한 베스트셀러 그릿의 청소년 판" 아직 첫 페이지를 열지 않았으나 표지는 우리에게 무언가 중요해 보일 법한 정보들을 제공해주고 있습니다. 어쩌면 책을 통해 전하고자 하는 저자의 메시지를 이미 책의 표지를 통해 제시하고 있는 것 아닐까, 독자들은 예측해 볼 수 있겠죠.

특히 그림책은 표지를 통해 독자에게 다양한 질문을 던지는 경우가 많습니다. 그렇기에 이미 그 그림책에 친숙한 교사라면, 표지에서 찾을 수 있는 질문들을 학생들에게 전달하여 몰입을 유도할 수 있죠. 함축적인 메시지를 이미지화하여 표지를 구성하는 경우가 많기 때문에 책을 다 함께 읽은 후, 독후활동으로 다시 한번 펼치기에도 좋은 장면입니다. 책을 읽기 전엔 알지 못했던 의미들을 다시 찾으며 발견의 기쁨을 누릴 수 있고, 한 번 그 기쁨을 경험한 독자의 경우, 이후에 스스로 표지를 탐색하며 몰입할 수 있습니다.

표지를 탐색하는 전략은 누구나 알고 있지만, 독서 현장에서 쉽게 놓칠 수 있는 부분이기도 합니다. 앞서 말씀드린 것처럼 누구나 알고 있을 법한 전략이지만 제 때에 활용할 수 있는 것, 이것이 결국 교육 현장에서 요구되는 전문성 아닐까요?

시작과 끝을 담당할 수 있는 KWL 전략

KWL 전략은 올제Olge에 의해 처음 소개된 것으로 알려져 있습니다. 특히 독자가 가진 배경지식을 활성화하여, 독자의 이해도를 높이기 위한 활동으로 설명문을 파악하기 위해 개발되었기에 여전히 비문학 지문에서의 활용도가 높은 편입니다. 여기에서 KWL은 각각 'Know - Want to know - Learned'를 의미합니다.

우선 한 권의 책을 읽기 시작하며 그 책에서 미리 파악한 키워드를 중심으로 이미 내가 해당 키워드에 대해 알고 있는 것이 무엇인지 정리하도록 합니다. 독서 전 활동이 될 수 있겠지요? 그리고 이 책을 읽고 알기를 원하는 내용을 이어 적도록 합니다. 마지막으로 책을 모두 읽은 후, 이 책을 통해 새롭게 알게 된 내용 즉 배운 내용들을 정리해 보는 활동입니다. 그렇기에 독서를 하는 전-중-후의 전 과정에 걸쳐 체크리스트를 작성하듯 스스로 독서활동을 점검할 수 있는 전략이며 자기주도 학습을 위한 방법으로도 활용이 가능합니다.

좀 더 자세히 활동 내용을 연결해보도록 하겠습니다. 이미 내가 알고 있는 것, K의 내용을 구성하기 위해 독자는 배경지식을 활성화하기 시작합니다. 제목이나 내용 중에 제시된 그림 등을 통해 키워드에 대해 이미 알고 있었던 사실들을 브레인스토밍하기 시작하죠. 앞서 설명문을 비롯한 비문학 작품에서 주로 활용되는 전략일 수 있다고 말씀드렸으나 문학작품 뿐만 아니라 그림책에도 적용해 볼 수 있습니다. 의미를 좀 더 분명히 하기 위해 패러디 그림책인 존 세스카의 〈늑대가 들려주는 아기돼지 삼형제 이야기〉(보림)를 활용해볼까요? 독자는 배경지식을 활성화하며 늑대라는 동물에 대해 알고 있는 상식을 기록할 수 있습니다. 더불어 아기돼지 삼형제 이야기를 기억하고 있는 독자라면 아마도 '이미 알고 있었던 사실'을 정리하기 위해 패러디 그림책의 원작을 떠올리게 됩니다.

W의 경우 이 책을 읽고 새롭게 알고 싶은 내용을 정리해 보는 활동입니다. 원작과는 달리 이 글에는 어떤 내용이 전개될 것인지 독자는 다양한 의문들을 품을 수 있겠죠? 의문을 품기 시작했다면 이를 바탕으로 구체적인 질문들을 이끌어낼 수 있습니다. 그리고 이 질문들을 정리해 보면 그림책을 통해 알고 싶은 내용이 무엇인지 구체적으로 파악할 수 있습니다. 원작과 달리 어떤 내용을 포함

하고 있는지, 원작이 돼지에 의해 서술이 되었다면 늑대가 이 이야기를 통해 주장하고 싶었던 내용은 무엇인지, 책의 제목과 장면들을 추론하며 비판적인 관점에서 접근해 볼 수 있습니다.

마지막으로 L은, 결국 새로운 책 또는 텍스트를 읽고 나서 새롭게 알게 된 사실들이 무엇인지 정리해 보는 활동입니다. 때론 기존에 알고 있는 사실 K에 대한 심화내용이 될 수 있을 테고, 때론 알고 싶었던 내용 W에 대한 확인과정이 될 수 있습니다. 기본적인 내용을 넘어서서 방법 및 태도에 대한 성찰이 동반될 수도 있겠군요. 같은 사건에 대해 화자가 누구인가에 따라 주장하는 내용이 전혀 달라질 수 있다는 점에서 비판적 접근의 필요성을 인식할 수 있지 않을까요? 더불어 새롭게 알게 된 사실을 토론 활동으로 연결하여 자신의 입장, 또는 자신이 이해한 내용을 보다 명확하게 정리해 볼 수 있습니다.

생각 정리를 위한 마인드맵

마인드맵mind map은 독서수업 뿐 아니라 교과목을 구분하지 않고 사용할 수 있는 전략이라고 할 수 있습니다. 마인드맵은 용어 그대로 마음 속 지도를 의미하는데요, 독후활동으로의 마인드맵은 독자가 읽고 기억하는 다양한 정보를 마음 속에 지도를 그리는 것처럼 체계를 갖춰 정리해 나가는 방법입니다. 체계를 갖춘다는 것은 한 눈에 알아보기 쉽게 기준을 부여하는 것을 뜻하죠. 숲을 볼 것인가, 나무를 볼 것인가 라는 표현이 전체적으로 바라볼 것인가 부분에 집중할 것인가를 묻는 의미라면, 마인드 맵은 울창한 숲을 보다 높은 공간에서 조망하듯 내려다보았을 때 그릴 수 있는 지도라고 할 수 있어요. 지도에서 무엇보다 길을 표현하는 것이 중요하듯 마인드맵 역시 생각의 갈래가 펼쳐지며 형성되는 길에 중요한 의미를 부여할 수 있습니다.

마인드맵은 책의 의미를 종합적으로 파악할 수 있으면서 이미지로 기억 속에 저장하게 되어 훨씬 체계적인 내용 구조화가 가능한 방법입니다. 이런 특징으로 인해 토니 부잔Tony Buzan에 의해 마인드맵이 알려지기 시작하자 유럽에서는 생각을 정리할 수 있는 유용한 기법으로 이를 적극적으로 활용하기 시작했습니다. 분석적으로 기억하기 위해 명료하게 정리된 마음 속 지도가 필요하다는 것에 많은 이들이 동의한 것으로 보아 아마 당시에도 기록하고 기억한다는 것에 대한 부담감이 존재했던 것 같습니다.

생각을 정교화하는 만다라트

마인드맵이 책의 내용을 종합하여 정리할 수 있는 기본적인 생각

정리 기법이라면 보다 정교화하기 위한 방법도 있습니다. 대표적인 방법이 바로 만다라트 생각정리 기법이죠. 만다라트mandal-art라는 것은 만다라mandala와 아트art의 결합을 의미합니다. 여기에서 만다라라는 것은 불교용어이며 연꽃을 뜻하는데, 연꽃 모양으로 생각을 보다 정교화해 나갈 수 있기 때문에 목표관리기법으로도 많이 알려져 있습니다.

특별히 생각정리 기법으로 정리한 것은 일본의 마쓰무라 아스오 Matsumura Yasuo에 의해서였다고 하는데 우리나라에서는 일본의 야구선수 오타니 쇼헤이Ohtani Shohei가 목표 달성을 위해 활용한 방법으로 많이 알려져 있죠. 연꽃 모양을 완성하기 위해 우선 하나의 정사각형 내부에 균일하게 가로, 세로 두 줄을 연결하여 총 아홉 개의 빈 칸을 완성합니다. 그리고 가장 가운데 칸에 이루기 위한 목표를 작성해보는 것이며 이 목표를 둘러 싼 여덟 개의 칸에 그 목표를 이루기 위해 필요한 요소들을 정리합니다. 아래의 표에서 볼 수 있는 바와 같이 오타니 쇼헤이는 고등학생 선수 시절 '8구단 드래프트 1순위'라는 목표를 달성하기 위해 스스로에게 필요한 요소들로 몸만들기, 제구, 구위, 멘탈, 스피드, 인간성, 운, 변화구라는 여덟 개 요소를 선정하였으며 이 각각에 대한 또 다른 만다라트를 정리했습니다.

몸관리	영양제 먹기	FSQ 90kg	인스텝 개선	몸통 강화	축 흔들지 않기	각도를 만든다	위에서부터 공을 던진다	손목 강화
유연성	몸 만들기	RSQ 130kg	릴리즈 포인트 인정	제구	불안정 없애기	힘 모으기	구위	하반신 주도
스테미너	가동역	식사 저녁7숟갈 아침3숟갈	하체 강화	몸을 열지않기	멘탈을 컨트롤	볼을 앞에서 릴리즈	회전수 증가	가동력
뚜렷한 목표·목적	일희일비 하지 않기	머리는 차갑게 심장은 뜨겁게	몸 만들기	제구	구위	축을 돌리기	하체 강화	체중 증가
핀치에 강하게	멘탈	분위기에 휩쓸리지 않기	멘탈	8구단 드래프트 1순위	스피드 160km/h	몸통 강화	스피드 160km/h	어깨주변 강화
마음의 파도를 안만들기	승리에 대한 집념	동료를 배려하는 마음	인간성	운	변화구	가동력	라이너 캐치볼	피칭 늘리기
감성	사랑받는 사람	계획성	인사 하기	쓰레기 줍기	부실 청소	카운트볼 늘리기	포크볼 완성	슬라이더 구위
배려	인간성	감사	물건을 소중히 쓰자	운	심판을 대하는 태도	늦게 낙차가있는 커브	변화구	좌타자 결정구
예외	신뢰받는 사람	지속력	긍정적 사고	응원받는 사람	책읽기	직구와 같은 폼으로 던지기	스트라이크 볼을 던질 때 제구	거리를 상상하기

- 독서활동에 있어서의 만다라트 역시 동일한 방법을 활용합니다.

순서

1. 책의 제목을 가운데 적습니다.
2. 책의 내용을 구성하는 대표적인 요소들을 여덟 가지로 선정하여 중앙의 만다라트를 완성합니다.
3. 세부 요소들을 바깥에 둘러싼 표의 중심에 정리합니다.
4. 각 세부 요소들과 관련된 내용들을 다시 여덟 개의 키워드로 나누어 정리합니다.

이러한 만다라트 생각정리 기법은 독서교육을 위해 학생들과 함께 책을 읽는 장면에서도, 성인들과 함께 하는 책 읽기 모임에서도 두루 활용할 수 있는 전략 중 하나입니다. 특히 비문학 자료가 아닌 문학 자료에서도 쉽게 적용이 가능하기에 전체의 내용을 보다 세부적으로 기억해보고자 할 때 유용한 방법이 될 수 있죠. 칸이 꼭 81개일 필요가 없기에 독자 또는 학습자의 수준을 고려하여 적절하게 방법을 조절할 수 있겠죠? 소설 구성의 3요소를 인물-사건-배경이라고 한다면 한 권의 책을 인물 중심, 사건 중심, 배경 중심으로 구분하여 만다라트를 작성하는 것은 내용을 시각화하여 기억하는 것에도 도움이 되지만, 무엇보다 참여자들의 몰입을 이끌어내는 훌륭한 독서 전략이 될 수 있습니다.

한글의 특성을 살린 초성 퀴즈

책을 읽으며 활동을 이끌어내기 위하여 게임을 활용하는 것은 좋은 방법이라고 할 수 있습니다. 사실 정답이 정해진 수업보다 다양성을 존중하는 수업 또는 활동 형태로 진행을 하는 경우가 많기에 독서교육의 현장에서는 놀 듯, 흥미 위주의 게임 수업에 대한 부담이 많지 않은 것도 사실입니다. 그렇다면 참여자들의 몰입을 높이기 위한 게임 활용 전략들을 간단히 살펴보도록 할까요?

독서 수업의 문을 열며 어휘를 자극할 수 있는 게임은 여러 면에서 의미가 있습니다. 잠든 어휘를 깨울 수 있으며 수업에 적극적으로 참여하기 위해 워밍업하는 시간이기 때문이죠. <초성퀴즈>는 어린이나 성인 모두 즐거워하는 게임이며, 준비하는 교사의 입장에서도 큰 부담이 없는 활동 중 하나입니다.

우리 글자는 초성, 중성, 종성을 가집니다. 예를 들어 '독서'라고 한다면 'ㄷ(초성)+ㅗ(중성)+ㄱ(종성) / ㅅ(초성)+ㅓ(중성)'을 가지는데 이 중 초성에 해당하는 'ㄷ'과 'ㅅ'만을 제시하고 그것을 초성으로 가지는 단어들을 찾아볼 수 있도록 안내합니다. 이 글을 읽고 계신 여러분들도 한 번 찾아볼까요? 실제 수업 현장에서 활용할 경우 독서, 단서, 동성, 동생, 도서 등 꼬리에 꼬리를 물고 새로운 단어들이 제시됩니다. 독서가 책에 제시된 텍스트를 통한 독자의 의미구성과정이라고 한다면 의미구성을 위해 스스로의 어휘들을 자극하는 것은 거듭 강조하지만 매우 중요한 의미를 가집니다. 그렇기 때문에 수업을 열기 위해서도 이는 좋은 게임 전략이 될 수 있으며, 독서를 통해 새롭게 파악해나가는 의미 구성을 위해서도 유용한 방법이 될 수 있습니다.

어휘 자극을 위한 빙고 게임

빙고는 이미 일상생활 중 우리에게 잘 알려진 게임입니다. 빙고는 숫자 게임에서 그 유래를 찾을 수 있어요. 실내에서 즐길 수 있는 오락 활동을 위해 숫자를 이용했는데 사회자는 임의로, 지정한 범위 내의 숫자를 선택합니다. 그 숫자를 가장 빨리 가로 또는 세로, 사선으로 연결하여 승자를 다루는 게임입니다. 어휘 자극을 위한 빙고 게임이라면 주제 키워드와 같은 범주의 단어들을 연결하여 빈칸을 작성하도록 하면 되겠죠? 범주를 어떻게 설정하느냐에 따라 어휘 선택의 깊이가 달라질 수 있기 때문에 연상 작용을 통해 빈칸을 완성할 수만 있다면 모든 연령대에서 활용 가능하다는 장점이 있습니다.

조선시대 인물 5X5 빙고게임

이순신	김정호	박제가	유형원	전봉준
정약용	황희	신사임당	홍대용	권율
김만덕	장영실	이이	허난설헌	유득공
이방원	정도전	박지원	이덕무	서거정
이성계	김홍도	신윤복	김득신	김시습

가령 빈 칸 작성을 위한 단어의 범주를 '역사 속 인물'로 설정하는

경우와 '조선 시대 역사 속 인물'로 설정하는 경우, 사고를 자극하는 정도가 달라질 수 있겠죠? 또한 이는 독서 중 활동에서도 쉽게 활용할 수 있는 게임이기도 합니다. 책의 범위를 정해주고 수업 중 다루게 된 용어들을 정리하게 할 경우 자극을 위한 전략이 아닌 개념 정리를 위한 전략이 될 수 있을 테니까요. 종이 한 장이면 모두가 집중할 수 있는 게임이기에 어디서든 모두의 참여를 이끌어내기 좋은 방법입니다. 소극적인 참여자의 경우에도 막상 게임이 시작되면 본능적으로 빙고Bingo!를 외치기 위해 집중할 수 있습니다.

모든 세대가 즐기는 가로세로 낱말 퀴즈

이 외에도 어휘사용 전략과 관련된 게임들은 상당히 많습니다. 스피드 게임을 통해 진행하거나, 글자 찾기 놀이를 통해 진행하는 모든 게임들도 어휘사용 전략과 관련된 게임들일 수 있죠. 그런데 보다 깊이를 더해 사용해 볼 수 있는 게임이 바로 〈가로세로 낱말 퀴즈〉입니다. 크로스워드 퍼즐Crossword puzzle이라고도 하죠? 바둑판 무늬로 칸을 나누고 가로와 세로가 크로스 되도록 단어들을 배열한 후 각각에 대한 힌트를 제시합니다. 이 힌트를 통해 단어를 추적하는 게임, 학생 또는 참여자들은 가로세로 낱말퀴즈의 정답을 맞히는 활동에 집중하지만 더욱 추천하고 싶은 방법은 직접, 수업

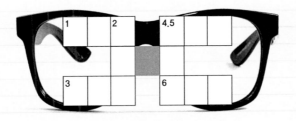

| 가로힌트 |

1. 기록으로 남겨진 여러 가지 책·그림·사진 등의 자료를 모으고 정리·보관하며,
여러 사람이 활용할 수 있도록 도와주는 곳
3. 토지나 건물과 같이 움직여 옮길 수 없는 재산
5. 거만한 태도를 일컫는 말
6. 근본이나 기초가 되는 것

| 세로힌트 |

2. 경기도 안양시·과천시 관문동에 걸쳐 있는 산
4. 도르래의 원리를 이용해 무거운 물건을 들어 올리는 기계

중 새롭게 알게 된 어휘를 포함하여 가로세로 낱말 퀴즈 게임 판을
만들어 보는 것입니다.

예를 한번 들어볼까요? 초등학교 고학년 학생들과 다양한 한국사
관련 시리즈 서적을 읽는 수업들을 많이 진행합니다. 우선 새롭게
알게 된 역사 속에서 유래를 찾을 수 있는 단어를 7~10개 선택합니
다. 그리고 끝말잇기를 하듯 소리로 관련된 새로운 어휘들을 7~10

개 추가하여 가로세로 낱말퀴즈 판을 완성하죠. 이때 단어의 의미를 설명하고, 간단히 요약하기 위해 학생들은 책을 읽고 또 읽습니다. 특히 새롭게 선정한 어휘들에 대해서도 누구나 이해할 수 있는 보편적인 뜻을 찾기 위해 노력하는 과정에서 학생들은 간결하지만 핵심을 담아낸 표현들을 찾게 됩니다. 이렇게 완성된 가로세로 낱말퀴즈를 다음 시간 활동과 연계하여 서로 교차하여 풀어보게 할 경우, 책의 내용을 정리하는데도 도움이 되지만 무엇보다 글쓰기와 표현에 있어 어휘 선택의 중요성을 스스로 경험해볼 수 있다는 점에서 좋은 활동 전략이 될 수 있습니다.

03
적극적으로 소통하기 위한 질문법

대화를 나누듯 질문을 시작하기

때에 따라 질문하기는 독서수업의 전략 중 하나로 소개하기도 합니다. 그러나 전략의 하나로 다루기보다 질문하기는 책을 열기 전부터 책을 덮고 난 후까지 계속해서 활동을 이끌어낼 수 있는 힘이라는 점에서, 독서교육의 핵심 요소라고 할 수 있어요. 그렇기에 이곳에서는 질문법에 대해 따로 그 의미를 정리해 보겠습니다.

메리 올리버Mary Oliver의 〈휘파람 부는 사람〉(마음산책) 서문 중 우리에게 잘 알려진 글귀가 있습니다. 바로 '이 우주가 우리에게 준 두 가지 선물, 사랑하는 힘과 질문하는 능력'이란 표현이지요. 누군가는 사랑할 때 비로소 질문하게 되는 법이라 이해할 수 있을 것 같습니다. 혹 질문과 사랑을 별개의 요소로 두고 이해했다 하더라도 그 각각의 중요성을 전하고 싶었던 작가의 심정을 충분히 헤아릴 수 있는 구절입니다.

독서교육에 있어서도 필수 요소 또는 핵심 전략을 논하기 위해 빠질 수 없는 영역이 바로 질문이라고 할 수 있습니다. 한 권의 책을 읽으며 우리는 주인공과 대화를 나누듯 내용에 질문을 던지게 되기도 하고, 때론 텍스트의 의미를 받아들이며 저자에게 질문해보기도 합니다. 또한 그렇게 받아들인 텍스트를 나의 경우로 비추어, 우리는 곧잘 스스로에게 질문을 던져보기도 하죠.

독서교육의 현장에서는 질문활동의 의미를 명확히 구분하여 '발문활동'이라는 표현을 사용하기도 합니다. 엄밀히 구분하자면 질문이라는 것은 본인 스스로 모른다고 생각할 때, 또는 알고 싶다는 욕구를 느낄 때 이에 대한 답을 얻기 위해 상대방의 답을 기대하는 활동이죠. 이에 비해 발문이라는 것은 상대방이 생각이나 의견을 정리하는 과정을 돕고, 더 나아가 사고활동을 촉진하기 위한 활동으로 이해할 수 있습니다. 즉 용어를 구분하여 활용하자면 학습자가 '질문'하는 힘을 가질 수 있도록 돕기 위해 또는 내용 이해를 돕기 위해 교수자가 의도적인 물음을 던지는 것이 바로 '발문'이 되는 것입니다.

그러나 실제 교수활동이 이루어지는 현장에서는 이 모든 것을 통칭하여 질문이라는 표현을 사용하는 경우가 많습니다. 그렇기에 이 글에서 역시 독서교육 중 활용할 수 있는 발문과 학습자의 능동적 반응이라 할 수 있는 질문을 통칭하여 모두 '질문'이라는 용어로 표현하도록 하겠습니다.

그럼 지금부터 독서교육 중 활용하게 되는 질문법에 대한 이야기를 시작해 보겠습니다.

좋은 질문을 가능하게 하는 것은 좋은 분위기이다

독서 수업을 마무리할 때 반복하게 되는 문장이 있습니다. "자, 질문 있으신 분?" 그러나 아이들과의 수업은 물론, 학부모를 비롯한 성인 교육 과정에서도 질문을 받게 되는 경우는 많지 않습니다. 선생님들의 연수 과정에서도 좀처럼 질문으로 수업을 마무리하게 되는 경우가 많지 않아 어느 날 우리는 참 질문하는 것을 어려워하는 민족이 아닐까 농담을 건넨 적 있습니다. 그때 수업 중 내내 경청해 주셨던 한 분이 이런 대답을 해주셨어요. "그렇게 태어난 민족이라기보다 질문을 어려워하도록, 점점 그렇게 만들어지는 민족이죠."

그 선생님 이야기에 우리 모두 웃으며 강의를 마무리했지만 이후에도 질문과 관련된 강의를 하거나 원고를 작성할 때가 되면 저는 늘 그 선생님의 대답이 떠오릅니다. 정답을 강요하는 사회, 마치 대학 입시가 교육의 최종 목표인 듯 초등학생 아이들조차 입시를 향해 숨 가쁘게 달려야 하는 사회, 이러한 분위기 속에서 우리는 누군가 묻는 질문에 정확한 답을 찾고자 노력합니다.

정답이 아니었음을 확인하고 그 과정에서 스스로 부끄러움을 경험했다면, 이후 다른 이들 앞에서 질문을 한다는 것은 큰 용기를 필요로 하는 일이 됩니다. 질문을 통해 질문하는 이의 배경지식과 사고의 깊이, 집중의 정도 등 개인정보(!)에 대한 추론이 가능하죠. 그에 대한 유출을 염려하여 질문을 아끼는 것일까, 혼자 원인을 분석해보기도 했습니다.

한국인들의 질문 기피 현상은 2010년 G20 정상회담의 한 장면을 통해서도 확인할 수 있었습니다. 2010년 G20 정상회담이라 하면 기억하지 못하더라도 버락 오바마Barack Obama 대통령과 한국 기자라고 이야기한다면 그때의 장면을 떠올리는 분들이 제법 많으시리라 생각합니다. 가용할 수 있는 시간이 많지 않은 인터뷰 중 오바마 당시 미국 대통령이 한국 기자에게 마지막 질문권을 주고 싶다고 이야기 했음에도 불구하고 한국 기자들은 마지막까지 발언권을 얻지 못했습니다. 아니, 발언권을 얻지 않았다고 표현해야 할까요? 결국 중국 기자의 질문으로 이어지는 장면을 보며 질문하는 것을 어려워하는 일이 비단 나와 내 수업에서 만나게 되는 사람들만의 문제가 아니구나, 라는 생각을 해볼 수 있었죠.

〈어떻게 원하는 것을 얻는가〉(8.0)라는 책에서 "사람이란 본래 자기 말에 귀 기울여주고, 가치를 인정해 주고, 의견을 물어주는 사람에게 보답하기 마련"이라는 표현에 밑줄을 긋던 기억이 납니다. 어쩌면 무기력을 학습하듯 저는, 그리고 우리는 우리말에 귀 기울여 주고, 가치를 인정해 주는 분위기를 제대로 경험해 보지 못해 질문할 수 있는 기회를 점점 잃게 된 것 아니었을까 하고요.

부모님들이 자녀와 나누는 독후활동 중에도 정답을 요구하는 질문이 계속되는 것은 아닐지 되돌아 볼 필요가 있습니다. 정답과 오답을 구분하여 무언가에 대한 확답을 기대하는 질문에 익숙해진 그 아이가 자라 여전히 질문을 불편함의 대상으로 인식하는 것은 당연한 결과가 아닐까요? 그렇기에 책을 읽고 질문을 통해 주고 받는 대화에서 정답을 기대하기보다 사고의 다양성을 인정하고, 사고의 틀을 확장시켜 주도록 노력해야 합니다. 누가 먼저랄 것 없이, 어떤 장소에서든 다양성 허용의 선순환이 시작될 수 있어야 합니다.

좋은 분위기가 마련되었다면 적극적으로 대화하라

사고의 다양성을 인정할 수 있는 준비가 되었다면 이제 아이들의 사고를 촉진시켜줄 수 있는 구체적인 활동을 시작해야 합니다. 즉 다양한 생각을 말로 표현할 수 있도록 하는, 자극이 될 수 있는 스위치를 켜 줄 수 있어야 한다는 의미이지요. 다양성을 인정하기 위해 질문법 역시 하나의 틀을 가지고 이것이 모범답안이다, 라는 예제를 찾기 위해 노력할 필요는 없습니다. 독서를 하나의 수업 또는 교육으로 활용하기 위하여 고민하는 선생님들이 가지는 대표적인 고민 중 하나가 바로 책이라는 매체를 활용하여 어떻게 질문하는 것이 효과적일까 하는 것이죠. 지금부터 그 이야기를 잠깐 해 보도록 하겠습니다.

어떻게 질문을 시작하는 것이 효과적일까요? 앞서 말씀드렸지만 책을 읽기 시작할 때 툭 던지는 질문 역시 또 하나의 프레임으로 사고를 가두는 결과를 가져올 수 있어 주의해야 합니다. 그렇기에 제가 추천하는 가장 좋은 질문 방법은 다름 아닌 대화 나누기입니다. '질문'이라는 개념에 몰입하기보다는 좀 더 시야를 넓혀 궁금한 것을 자극할 수 있도록 하는 자연스러운 대화를 말합니다. 구체적인 질문 방법에 대해 몇 가지 소개를 하기에 앞서 전제되어야 하는 것이 바로 대화입니다. 하브루타를 통해 끊임없이 질문을 주고받는 것 역시, 결국 책을 통해 두 사람의 생각을 정해진 답 없이 대화하며 주고받는 과정일 수 있습니다.

예를 한번 들어볼까요? 앞에서도 예를 들었던 존세스카의 〈늑대가 들려주는 아기돼지 삼형제 이야기〉(보림)라는 책을 함께 읽게 되었을 때, 우리는 어떤 대화로 독자의 풍성한 사고를 자극할 수 있을까요? 책의 표지를 열기 전 '아기 돼지 삼형제 있잖아, 그 책을 우리가 언제 읽었더라?'라고 대화를 시작합니다. '그런데 그 이야기는 아기돼지 삼형제가 해 준 이야기였나 봐, 여기 늑대가 할 말이 있다고 하는데?' '늑대의 이야기를 들다보니 귀가 솔깃해지는 것 같지 않니? 자, 이제 우리가 판결을 내려야 할 것 같아. 두 쪽의 입장을 모두 들었으니 어렵겠지만 우리도 선택을 한 번 해 보자.' 조금 어색한 유형의 질문이라도 좋습니다. 어디서든 적극적으로 질문할 수 있는 아이를 위해 끊임없이 눈높이에 맞춘 대화를 시도하다보면 아이는 스스로 묻고 답하는 방법을 터득할 수 있습니다.

질문에도 단계가 있다,
사실적 질문에서 추론적 질문까지

단계를 고려하여 질문을 만든다는 것은 책을 통한 교육의 현장에서 그 흐름을 디자인해 보는 과정과 깊이 관련되어 있습니다. 요즘 스토리텔링이라는 용어를 많이 활용하고 그 중요성을 종종 언급하게 되죠? 이때 스토리에 집중하게 하는 요소는 탄탄한 스토리의 구성 방법입니다.

같은 소설이지만 더욱 집중하게 되는 이야기의 경우 독자가 인식하지 못하더라도 기승-전-결이라는 구조를 가지고 있는 경우가 많습니다. 신화로 전해지는 영웅담이 구전을 통해 널리 확산될 수 있었던 요소로 꼽을 수 있는 것 역시 바로 신화에 내재된 이야기 구조이죠. 흔히 이야기 하는 영웅서사구조가 바로 이것입니다. 고귀

한 혈통을 가지고 있으나 시련 속에서 성장하게 되는 영웅은 하루하루 그 시련에서 벗어나는 듯 보입니다. 그러나 위기 절정의 순간을 맞이하게 되고 언제나 그 순간 영웅을 돕는 조력자를 발견하며 독자 또는 청자는 희열을 느끼게 되죠. 즉 이야기에 몰입할 수 있는 중요한 요소 중에 하나가 바로 이야기가 가진 구조라고 할 수 있는데, 이는 수업을 전개하는 과정에 있어서도 꼭 기억하고 있어야 하는 부분입니다.

그렇기에 수업을 디자인한다, 라는 표현을 활용하는데 저는 독서 수업에 있어서 정말 중요한 것이 바로 이런 디자인의 과정이라고 생각합니다. 그리고 멋진 수업을 디자인하기 위해 수업의 촉매가 될 수 있는 것이 바로 질문법입니다. 책을 통해 기왕 '교육'이라는 활동을 마음먹었다면 수업에 참여하는 학습자의 사고를 확장시켜나갈 수 있도록 질문의 범위를 점점 넓혀 나갈 수 있어야 합니다.

단계를 통한 질문하기는 아래의 표에 정리된 것과 같이 사실적 질문, 추론적 질문, 평가적 질문, 창조적 질문으로 설명해 볼 수 있습니다. 물론 사실적 질문으로 시작하지 않고 처음부터 창조적 유형의 질문을 던지며 독후활동의 문을 열 수도 있습니다. 그러나 서서히 끓어올라 점점 깊이 묻고 답하는 과정에서 좀 더 자연스러운 사고의 확장을 경험할 수 있게 되는 것이죠. 각각이 가지는 개념이 무엇인지 설명하며 하나의 예를 들어보기로 하겠습니다.

유형	특징
문자단계	책 속 사실정보에 초점을 맞춘 발문 "무엇에 대해 말하고 있는가?"
추론단계	책 속에 함축되어 있는 문맥의 정보에 집중하는 질문 읽는 사람에 따라 달라질 수 있는 결론 "왜 그것에 대해 말하고 있는가?"
평가단계	책에서 제시하는 내용에 대한 가치 판단과 관련된 질문 "나의 관점에서 그것은 옳은 일일까?"
창조단계	새로운 대안에 대한 발견 가능성을 지닌 질문 "다른 시각에서 제시할 수 있는 해결 가능성은?"

〈까마귀의 소원〉(마루벌)이라는 그림책이 있습니다. 많은 그림책들이 그러하듯 아이들의 마음을 사로잡을 수 있는 내용이며 동시에 성인들의 공감을 이끌어낼 수 있는 내용이기도 하죠. 덫에 걸린 백조를 구해주게 된 까마귀는 보답의 의미로 별가루가 담긴 상자를 받게 되었고 그 별가루는 소원을 이루어줄 수 있는 특별한 힘을 가지고 있습니다. 까마귀는 숲속에서 안타까운 사연을 가진 여러 동물들을 만나며 별가루를 나누어주게 되고 극적으로 발견한 마지막 남은 별가루 덕분에 자신의 소원도 이룰 수 있게 되죠. 만약 이러한 책으로 수업을 하게 된다면 우리는 어떤 질문을 할 수 있을까요?

우선 사실적 질문은 책 속에서 답을 찾을 수 있는 유형의 질문을 의미합니다. 가령 '까마귀가 받은 별가루는 어떤 힘을 가지고 있었나요?'라고 묻는다면 그 답을 분명 책 속에서 찾아낼 수가 있겠죠. 즉 사실적 질문은 정해진 답을 염두해 두고 있다는 점에서 수렴적 질문의 한 유형이라고 할 수 있습니다. 물론 좀 더 복잡해 보이지만 까마귀가 만난 숲속 친구들과 그들이 빌었던 소원들에 대해 차례로 묻는다면 이 역시 책 속에서 답을 발견할 수 있다는 점에서 사실적 단계의 질문이 되겠죠?

추론적 질문은 이제 조금 더 나아갑니다. 책 속에서 눈에 띄는 답을 찾을 수는 없으나 맥락을 통해 답을 이끌어낼 수 있는 질문들, 이러한 유형의 질문이 바로 추론적 질문이라고 할 수 있어요. 주로 '왜'라는 의문사를 붙일 수 있는 질문이기도 하죠.

평가적 질문의 경우 '평가하다'라는 의미를 생각해 보면 쉽게 접근할 수 있습니다. 등장인물을 평가하거나, 등장인물의 행동을 평가할 수 있는 질문 즉, '까마귀가 잠깐의 대화를 통해 숲속 동물들에게 마법의 힘을 가진 별가루를 나누어준 것은 옳은 행동이었을까?'라고 묻거나 찬성 또는 반대를 묻는 경우 역시 평가형 질문이라고 할 수 있습니다.

마지막으로 창조형 질문은 정말 정해진 답이 없는 경우, 그 답을 창조해낼 수 있는 질문을 의미합니다. 독후활동으로 많이 활용하게 되는 뒷이야기 상상하기 등의 활동 역시 이러한 질문의 다른 형태라 할 수 있죠. 다시 젊음을 되찾게 된 까마귀는 이후 어떤 삶을 살았을까? 라고 묻는 경우입니다.

한두 가지의 질문을 예로 들어 확인했지만 동일한 텍스트는 무수히 다양한 질문을 생성해낼 수 있습니다. 물론 단계를 따르지 않는 질문도 괜찮습니다. 다만 정확히 이해한 후 차근차근 사고를 확장해나갈 수 있도록 수업을 설계하기 위해, 단계에 따른 질문을 활용하는 것은 큰 도움이 될 수 있습니다.

목표가 다르다면, 다른 질문으로 방향을 설정하라

저는 '내 아이의 독서교육은 내가 책임지겠다'라는 부모님들을 늘 응원하는 입장입니다. 아이가 태어나 성장하는 과정에서 그 누구보다 아이의 성향을 잘 파악하고 있으며 아이가 가진 어휘력과 배경지식 등을 비교적 잘 이해하고 있는 부모님들은 최고의 독서선생님, 독서교사가 될 수 있을 테니까요.

그런데 독서교육에 관심이 많은 부모님의 경우 책을 많이 읽어주기 위해 애썼음에도 불구하고 자녀가 도통 글의 주제조차도 파악하지 못하는 것 같아 걱정이라는 고민을 종종 풀어 놓습니다. 명료하게 정리된 한 줄의 문장은 책 한 권을 제대로 이해했는지 확인하는 손쉬운 방법일 수 있습니다. 그러나 독서의 과정을 관찰하기보다 결과를 통해 이해 정도를 확인하고 싶었던 것 아닐까요? 결국 독서교육에 대한 조급함에서 비롯된 것이 아니었을까 생각합니다.

저는 그 '주제' 라는 것에 대해 조금만 더 깊이 생각해보자는 말씀을 드리고 싶어요. 누군가 아이의 성향을 물었을 때 한 마디로 딱, 그 특징을 설명하기 힘들 때가 있습니다. 아이가 가진 성향은 매우 다양한 관점에서 설명할 수 있는 것처럼 주제에 대해서도 책의 특성을 고려한 다양성이 전제될 수 있어야 하는 것이죠. 즉 책의 내용이 가진 특징이 다르다면, 책을 읽는 목적이 다르다면 질문의 방향도 달라질 수 있어야 합니다.

소설 등의 문학 지문을 읽는 경우와 비문학 지문을 읽는 경우도 나누어 생각해볼까요? 소설 같은 경우 각자 생각하는 주제가 다르더라도 한 문장으로 생각을 요약하는 것이 좀 더 쉬울 수 있습니다. 때론 그것이 저자가 주고자 했던 메시지를 추론하는 활동이 될 수도 있을 것이고 독자가 가장 감동적으로 읽었던 내용을 반추하도록 하는 활동이 될 수도 있겠죠. 그러나 정보전달을 중심으로 텍스트를 전개하는 비문학 지문의 경우 한 문장으로 표현할 수 있는 핵심 주제에 대한 질문은 아이들의 생각을 더욱 혼란스럽게 만들기도 합니다. 이 경우 다른 방법으로 질문을 유도할 수 있어야겠죠.

새롭게 알게 된 정보들을 묻는 구체적인 질문들로 내용을 파악했다면 비문학 지문의 경우 또 다른 지문 또는 매체로 시선을 돌릴 수 있도록 유도해 보는 것도 이해한 내용의 내면화를 위해 큰 도움을 줄 수 있습니다. 신문기사를 활용하여 비문학 지문에 제시된 키워드를 사회문제로 확장시켜 보거나 소설의 한 장면과 연결해 보는 과정에서 새롭게 받아들인 정보는 우리의 삶 속으로 자연스레 흘러들 수 있기 때문입니다.

수렴적 사고와 확산적 사고를 이끄는 질문

독서교육에서 독서의 '서'에 해당하는 책을 하나의 컨텐츠로 본다면 '교육'은 방법론이 되어줄 수 있습니다. 물론 교육이 가지는 의미가 몇 장의 문장으로 채워질 수 없을 만큼 방대하겠으나, 교육의 현장에서 비교적 쉽게 활용해볼 수 있는 질문법은 독자의 사고가 수렴하였는지 또는 확산하였는지 확인해 보는 것입니다. 간단히 수렴한다는 것은 다양한 학습자가 동일한 답을 찾아낼 수 있도록 사고를 이끄는 행위입니다. 이에 반해 확산한다는 것은 답을 정해두지 않은 상태 또는 답이 존재하지 않은 상황에서 학습자들의 다양성을 인정하는 행위라고 할 수 있죠.

책을 읽는 상황을 떠올려보겠습니다. 독서활동을 하는 과정 또는 독후활동 과정에서 책의 내용을 기억해낼 수 있도록 질문하게 되는 경우가 있죠. 주인공의 이름은 무엇인지, 사건이 전개되는 과정은 어떠했는지와 같은 책 속에 정답이 존재하는 질문을 통해 정확하게 이해한 내용을 다시 확인해볼 수 있도록 사고를 자극합니다. 그러나 수렴이 아닌 확산을 위한 질문은 텍스트 속에서 답을 찾을 수 없습니다. 종합하고, 평가하는 활동 등을 통해 같은 텍스트를 읽었음에도 불구하고 서로 다른 의미를 발견할 수 있도록 해야 하는 경우. 책 전반의 내용을 통해 스스로 의미를 찾아볼 수 있도록 하거나 사건 또는 인물에 대한 평가를 요구하는 경우 등의 상황을 떠올려 볼 수 있겠죠?

블로서Blosser는 특히 사고를 확장하도록 돕는 자극을 개방적 질문으로, 하나의 답으로 이끄는 자극을 폐쇄적 질문으로 설명하고 있습니다. 폐쇄적 질문이 제시된 조건이나 범위 내에서 재생을 요구하는 유형이라면 개방적 질문은 학생 스스로 답을 구성해내야 한다는 점에서 확산적인 사고를 요구하는 유형이라고 할 수 있습니다. 좀 더 구체적인 질문 형태로 제시해 본다면 다음과 같습니다.

〈개방적 질문과 폐쇄적 질문 예〉

개방적(확산적) 질문의 예	폐쇄적(수렴적) 질문의 예
○ 만약 내가 ~였다면 어떻게 했을까요? ○ 혹 ~와 비슷한 일을 경험한 적 있나요? ○ ~는 왜 그렇게 행동했을까요? ○ 그때 ~의 심정은 어땠을까요? ○ 이어질 내용을 상상해 볼까요?	○ ~가 나왔나요? ○ ~는 어디에서 살았나요? ○ 그때 ~는 어디로 가고 있던 중이었나요? ○ 장면을 순서대로 이야기해 줄 수 있을까요? ○ 결국 어떻게 되었나요?

독서에도 교육이 필요하다면

유대인의 질문법 하브루타

앞서 몇 가지 질문법에 대해 말씀드렸으나 독서교육의 현장에서 질문법이라고 한다면 많은 분들이 가장 먼저 떠올리는 키워드가 바로 하브루타 아닐까 생각합니다. 이스라엘 전체 교육과정에서도 빼놓을 수 없는 핵심 키워드라 할 수 있을 정도로 하브루타는 유대인의 대표적 교육법으로 잘 알려져 있습니다.

하브루타라는 용어 자체는 짝, 동료 등의 문자적 기원을 가지고 있어요. 즉 하브루타는 두 명이 짝을 이루어 서로 질문하고 논쟁의 과정을 거치는 동안 진리를 찾도록 하는 교육방법입니다. 유대인의 경전이었던 토라를 해석하기 위해 활용되었기에 하나의 정답을 찾기 보다는 다양성을 추구하는 대화, 또는 생각의 나눔을 중요시 여겼지요. 부모 또는 교사와 대화를 나누는 아이들이 보다 적극적으로 묻고, 보다 적극적으로 사고할 수 있도록 돕기 위해서는 무엇보다 정답을 요구하지 않는 분위기가 중요했습니다. 그래서 반박을 최소화하고 텍스트를 기반으로 질문을 형성한 후 그에 대한 서로의 생각을 주고받는 방식으로 진행되기도 합니다.

이러한 활동의 승패를 구분하는 것은 사실상 의미가 없다고 할 수 있겠죠? 아이들이 평가를 염두하고 토론과정에 참여하는 것이 아니기에 질문의 상황에 머뭇거림 없이, 상대가 그렇게 생각하게 된 이유를 묻고 자신의 의견을 더할 수 있으며 그것을 증명이라도 하듯, 유대인의 자녀교육 성공담은 많은 대한민국의 부모들에게도 매력적인 키워드로 자리 잡게 되었습니다.

유대인의 경전 토라를 해석하는 것에서 시작했기에 텍스트 해석을 기반으로 하게 되는 독서교육의 현장에서 하브루타 질문법을 활용하는 경우를 쉽게 찾을 수 있습니다.

하브루타의 기본 원리는 탈무드 토론에서 확인할 수 있는데, 아론 패리Aaron Parry는 탈무드의 토론 원리를 진술 ⇒ 질문 ⇒ 대답 ⇒ 반문 ⇒ 증거 ⇒ 갈등 ⇒ 해결로 제시하고 있습니다. 즉 텍스트의 진술을 바탕으로 질문을 만들어 내고 짝을 이룬 상대방의 질문에 대한 답을 듣게 되겠죠. 이때 이 답에 대해 반문할 경우 또 다시 상대는 이에 대해 반박할 수 있는 증거들을 수집하기 위해 애쓰게 됩니다. 이러한 갈등 과정을 해결해 나가는 과정이 바로 하브루타 질문법의 기본 원리라고 할 수 있어요. 국내에서도 하브루타에 대한 연구는 활발히 이루어져왔고, 여전히 교육 현장에서의 많은 이들은 하브루타의 교육 효과를 입증하기 위해 노력하고 있습니다.

하브루타의 경우 그 유형에 따라 질문 중심 하브루타, 논쟁 중심 하브루타, 비교 중심 하브루타 등으로 세분화하기도 합니다. 질문을 만들어 내는 것이 핵심이기는 하지만 서로의 의견을 듣고, 그에 대해 반박하는 과정이기에 토론의 과정에서 많은 시사점을 얻을 수도 있어요. 대표적으로 질문 중심 하브루타의 과정을 살펴보면 다음과 같습니다.

〈질문 중심 하브루타의 과정〉

과정	활동 내용
질문 생성	텍스트에서 질문 생성하기
짝과 토론하기	생성한 질문에 대한 짝토론
최고의 질문 선정	짝과의 질문 중 최고의 질문 선택하기
모둠 토론하기	모둠에서 최고의 질문을 다시 선택하여 토론 및 토의 내용 정리하기
발표하기	정리한 내용 발표하기
쉬우르	교사의 쉬우르로 마무리

　여기에서 쉬우르란 텍스트를 정리하는 활동을 의미합니다. 일반적으로 하브루타 활동의 마무리라고 할 수 있는데 각기 다른 어휘 체계를 가지고 진행된 학생들의 개념들을 종합하는 역할이 이에 해당되죠.

　독서 수업을 진행하다 보면 의도하지 않았음에도 하브루타를 적용하게 되는 경우가 있습니다. 질문을 만들어낸다는 것은 스스로 텍스트와 적극적으로 대화할 때 가능하기에, 능동적인 독자로 학습자를 이끌기 위해 매우 효과적인 방법이 될 수 있어요.

질문은 책을 사랑하기 시작했다는 증거

아이들에게 책을 읽어주거나, 누군가와 책에 대해 이야기할 때 상대가 질문을 하는 상황을 한 번 떠올려보기로 하겠습니다. 예를 들어 설명할 수 있는 책은 다양할 수 있겠지만 그림책의 경우를 통해 이야기를 풀어볼까요?

그림책은 그림과 텍스트에 아주 많은 의미를 품고 있는 경우가 많습니다. 우리가 예측하는 것보다, 우리가 실제 그림을 보고, 글을 읽는 것보다 훨씬 더 심오한 의미를 내포하게 되는 경우들을 종종 찾을 수 있게 되죠. 이러한 특징들로 인해 요즘은 그림책 읽는 성인, 어른들을 위한 그림책 읽기 모임 등 과거에 비해 독자층의 스펙트럼이 훨씬 넓어졌다고 할 수 있는데요, 수업을 진행하다 보면 그림책에 대한 반응이 매우 다른 상황들을 마주하게 됩니다. 같은 책을 읽었음에도 불구하고 어린 아이들의 반응과 어른의 반응에서는 크고 작은 다양한 차이를 경험할 수 있다는 의미이죠.

이때 눈에 띄는 차이는 그림책을 읽으며 '그림'에 집중할 수 있는 아이들입니다. 처음 이런 반응을 접하게 되었을 때에는 어른들도 찾지 못하는 그림책의 숨은 요소를 발견하는 그 아이들이 마냥 신기하기만 했죠. 그러나 동일한 그림책으로 수업을 진행하는 일이 반복될수록 왜 그런 것인지, 어떤 차이가 있는 것인지 답을 찾을 수 있었습니다.

바로 관심의 차이입니다. 읽어주는 순간 물론 어른들도 대부분 그림책의 내용에 집중하지만 어른들이 집중하게 되는 것은 그림뿐만이 아니죠. 어른들의 경우 습관적으로 그림을 보되 텍스트, 그림책의 문장에 집중하게 됩니다. 그러나 글을 제대로 알지 못하는 아이들, 또는 글을 알더라도 그림에 더 큰 애정을 가진 아이들에게 그림책의 '그림'은 숨은 그림 찾기 활동이 될 수 있었던 것이죠. 아마도 누구나 숨은 그림 찾기 활동을 해 본 경험들이 있을 텐데 그때의 감정을 떠올려봅시다. 시각을 중심으로 나의 감각을 그 작은 지면에 집중하여 숨은 요소들을 찾기 위해 우리는 호기심을 넘어 깊은 관심을 가지게 됩니다. 아이들 역시 이러한 숨은 그림에 집중하듯 그림책을 보기에 어른과는 다른 남다른 애정이 전제될 수 있지 않을까요? 그리고 아이들은 곧장 질문을 시작하죠. '저기 저 강아지요, 좀 전에 봤던 그 색깔이 아니잖아요! 왜 그런거죠?' 눈에 보이는 차이에 답을 얻기 위해 시작된 아이들의 질문은 꼬리에 꼬리를 물게 되어 스스로 차이 속 의미를 발견하는 행운으로 이어지게 되는 경우를 종종 마주하게 됩니다.

메리 올리버Mary Oliver의 "이 우주가 우리에게 준 두 가지 선물, 사랑하는 힘과 질문하는 능력"이라는 메시지를 보며 사랑하는 힘과 질문하는 능력이라는 두 가지 선물이라고 표현했으나 실은 하나의 선물이 아닐까 생각해봅니다. 즉 사랑하는 마음이 있을 때 궁금한 것이 많아지고 우리는 더욱 빈번히, 깊이 생각하며 질문할 수 있을 테니까요. 질문한다는 것은 이미 아이들이 읽은 책에 대한 사랑이 시작되었다는 것. 사랑하는 시선을 통해 호기심 가득한 눈으로 바라보면 온통 궁금한 것 투성이일 테니 스스로 묻게 되고, 그 질문은 상대를 향한 사랑이 점점 더 깊어질 수 있도록 가능성을 열어줍니다.

3장

독서토론,
유연하고 입체적인
생각 만들기

독서토론이 무엇인가요?

　'독서토론'이란 말을 들으면 어떤 장면이 떠오르시나요? 누군가는 '토론'이란 글자에 꽂혀 백분토론과 같이 엄중한 자리를 생각할 것이고, 누군가는 카페에 모여 오순도순 이야기하는 독서모임을 떠올릴 것입니다. 이처럼 독서토론은 단어 그 자체인 독서와 토론이 더해져 복합적인 의미를 형성합니다. 책을 읽고 나누는 이야기는 책에 따라, 사람에 따라 다양한 갈래로 퍼질 수 있기 때문이죠. 이 책에서는 크게 3가지 성격으로 나누어 정리하겠습니다. 독서토론이 진행된다고 했을 때, 이 성격 중 하나에 집중될 수도 있고, 복합적으로 섞여서 드러날 수도 있습니다.

하나는 토론debate입니다. 찬성과 반대로 나누어서 열띤 대화를 나누는 모습이 떠오르실 텐데요. 하나의 주제에 대하여 대립되는 입장의 사람들이 서로 설득하는 말하기 과정이라고 할 수 있습니다. 처음부터 책에서 대립되는 주제를 뽑아, 입장을 정하고 진행하는 경우도 있지만 이야기 도중에 자연스럽게 여러 구도로 입장이 나뉘는 경우도 있어요. '무조건 공감하기', '반대의견 내지 않기' 등의 규칙으로 그런 구도를 피하는 경우도 있지만 여기선 대립 구도와 논쟁을 장려합니다. 누군가 '저는 좀 다르게 생각하는데요~'라고 하면 이제 시작인 겁니다. 팝콘 준비하시고 귀를 쫑긋 세우시면 됩니다. 그리고 여차하면 판에 뛰어드는 겁니다. 이렇게 생각이 달라지는 부분이 있으면 상대방을 설득하는 입장에서 논리적으로 대화가 진행되곤 하죠. 서로 더 집중하게 되며 오랜만에 피가 끓어오를 것입니다.

예를 들어, 〈심청전〉을 읽다가도 심청이의 효심을 긍정적으로 보는 사람과 부정적으로 보는 사람이 갈릴 수 있습니다. 소설 속 인물이 자살했을 때도 누군가는 무책임하다고 질타하고, 누군가는 불쌍하다고 애도할 수 있죠. 또 자살의 원인이 무엇인지 명확하지 않을 때, 서로 다른 추측을 할 수도 있습니다. 이럴 때, 서로의 생각을 논리적으로 전개해 보는 것이죠. 약간의 마찰은 생각을 더욱 선명하게 만듭니다. 책에서 근거를 찾고자 노력하고, 논리적 비약과 억측이 없는지 점검하며 듣습니다. 이렇게 꼭 찬성과 반대가 아니더라도 서로 다른 입장에서 주장과 근거를 바탕으로 이야기하는 과정을 생각하면 더 이해하기 쉬울 것입니다.

다음은 토의discuss입니다. 하나의 주제를 바탕으로 더 좋은 해결책을 위해 머리를 맞대고 생각을 나누는 과정이라고 할 수 있습니다. 특별한 주제와 목적의식을 가지고 각자 준비한 내용을 공유할 수도 있고, 이야기 도중에 자연스럽게 고민의 지점을 구체화할 수 있습니다. 모두가 인정하는 사회적 문제나 공유하는 가치관에서 극복해야 할 이슈들을 다루는데 효과적이죠.

예를 들어, 〈홍길동전〉을 읽고 신분차별에 대한 문제를 인종차별, 인권 보호에 대한 문제로 확장시켜 의논할 수 있습니다. 그때와는 다르게 지금의 시대정신은 다양성에 대한 존중이라고 할 수 있으니까요. 또 지구의 어두운 미래를 다룬 소설을 읽고 지금의 지구를 위해 할 수 있는 것들에 대해 이야기를 나누고, 저널리즘에 관한 책을 읽고 가짜뉴스에 속지 않는 방법을 공유할 수 있습니다. 나아가서 문제 해결을 위한 구체적인 실천 계획까지 도출할 수 있다면 더욱 값진 시간이 되겠죠.

마지막은 수다chat입니다. 앞에서의 묵직함과는 다르게 책을 읽고 느낀 나의 감상을 즐겁고 편하게 나누는 것이에요. 같은 취미를 가지고 있는 사람들, 하나의 책을 읽고 모인 사람들이 서로 이야기를 나누는 것만으로도 충분히 행복한 시간이죠. 수다가 부정적인 의미로 쓰이기도 하지만, 가벼운 것이 나쁜 것만은 아닙니다. 지속적인 독서와 토론 활동을 위해서 빠질 수 없는 부분이죠. 심리적 접근성을 위해서 독서토론이란 말 대신 의도적으로 '책수다'를 표방하기도 합니다.

예를 들어, 〈춘향전〉을 읽고 자신의 연애 경험을 이야기할 수 있겠죠. 사랑 이야기를 다룬 다른 작품과 연관지을 수도 있습니다. 심층적인 주제를 떠나, 그 달달함에 꽂힐 수도 있으니까요. 또 가족의 이야기를 다룬 소설을 통해, 나의 가정사를 고백하기도 하고 교육 문제를 다룬 교양서를 읽고 사회적인 교육 이슈에 대해 하소연하기도 합니다. 하지만 너무 과하게 삼천포로 빠진다면 책을 읽고 모일 필요가 없겠죠. 그래서 독서토론 모임을 하다가 매너리즘에 빠지는 많은 분들이 '너무~ 자주~' 가벼운 일상 이야기로 빠지는 것에 허무함을 느낀다고 말합니다. 그럴 때 책이 주는 대화의 깊이가 필요한 것이죠. 그래서 책과 사람의 적절한 균형이 중요합니다.

독서토론이 왜 중요한가요?

요즘 나이를 불문하고 취향 모임의 하나로 독서토론모임이 많은 인기를 누리고 있습니다. 하지만 독서토론은 교육적으로도 단순 취미 이상의 가치를 가지고 있습니다. 우선 21세기에 책을 읽는다는 것, 그것만으로도 대단한 일입니다. 수많은 미디어 중에 가장 진입장벽이 높고, 참을성과 끈기가 필요한 미디어를 즐기는 것이니까요. 그 후에도 책을 읽고 할 수 있는 행위는 많이 있습니다. 그중에서 책을 읽고 토론하는 것이 수많은 독후활동들과 다른 점이 무엇일까요?

표면적으로 말하기와 듣기의 지속적인 상호작용이 주가 된다는 것입니다. 말하기도 제한된 주제와 형식 안에서 조금 더 논리적으로 말해야 하는 경우가 많고, 상대방의 말을 잘 들어야 공감과 반박이 가능하기 때문입니다. 어떤 형태의 독서토론이든 나의 생각, 감상을 상대방이 들을 수 있게 전달해야 합니다. 또 상대방의 이야기를 듣고 리액션도 해주고, 반발도 하려면 집중해서 들어야 합니다. 그러다 보니 독서토론을 많이 하면 조리 있게 말하게 되고, 핵심을 잘 듣게 된다고 하죠. 일상 생활에서 말하기와 듣기가 차지하는 비중은 더욱 커지고 있기 때문에, 토론의 중요성도 커지고 있습니다.

다음은 다양한 생각을 만날 수 있다는 것입니다. 독서토론은 기본적으로 여러 사람과의 대화를 상정합니다. 나와 다른 사람들을 마주하는 순간이죠. 거기다 영혼 없는 일상 대화가 아닌, 다양한 주제에 대해 나의 생각을 꺼내야 하는 상황이 주어집니다. 조금은 두렵고 조심스러울 수 있지만, 그런 '판'이 깔린 이상 뒷짐만 질 수는 없습니다. 그렇게 다른 사람들과 만나 이야기를 나누며 혼자서는 당연했던 것들이 전혀 당연하지 않다는 것을 깨닫는 순간들이 있어요. 우리의 삶은 복합적인 요소들로 이루어져 있으니까요. 여러 사람들을 만나 책이라는 텍스트로 깊은 생각을 교류하는 과정을 통해 다양한 생각들과 충돌하게 되며 나의 인지적 유연성이 길러집니다. 혼자서 책을 100번 읽어도 경험할 수 없는 소중한 일들이죠. 점점 더 빠르게 변해가는 사회 속에서 살아가는데 이러한 유연한 사고와 포용성은 큰 힘이 됩니다.

마지막으로 여러 사람들과 하나의 주제에 대해 깊은 이야기를 나누며 나의 가치관을 확립하게 됩니다. 사람들과 상대적인 관계 속에서 나를 더욱 객관적으로 알아갈 수 있습니다. 특정 주제에 대해 나보다 더 보수적인 사람, 나보다 더 진보적인 사람, 경제적 가치를 중요시하는 사람, 인간 관계를 중요시하는 사람 등을 만나면서 나는 어떤 가치관과 생각을 갖고 있는지 저울질해 볼 수 있어요. 스스로에 대해 알아간다는 것은 매우 소중한 경험입니다. 혼자서 책을 읽고 생각하는 것도 좋지만, 인지 편향에 취약한 우리 인간은 조금 더 강하고 지속적인 자극이 필요합니다. 그래서 책과 사람이 함께 있을 때 더 큰 효과가 있습니다.

이런 학문적인 의미 외에 많은 경험적인 이유들도 있습니다. 책 〈독서동아리 100개면 학교가 바뀐다〉(학교도서관저널)에는 독서동아리에 참여하는 홍천여고 학생들이 답한 독서동아리 활동의 의미가 담겨있습니다. 다양한 답변 중 인상 깊었던 내용은 "친구들과 책 읽고 이야기하는 재미있는 시간", "친구들과 우정을 나누는 시간", "걱정이 없는 시간"과 같은 반응이었습니다. 책 읽고 이야기 나누는 시간 자체의 소중함을 느낄 수 있는 답변들이라 참 뭉클했습니다. 그 외에도 책과 친해질 수 있어서, 의미 있는 대화를 나눌 수 있어서, 새로운 분야의 책을 접할 수 있게 되어서 등도 있었죠. 그만큼 독서토론의 매력은 무궁무진합니다.

02
독서토론의 구성 요소

책, 독서토론의 꽃

독서토론을 구성하는 2가지 요소는 책과 사람이죠. 책을 두고 사람들이 둘러 앉아 이야기하는 그림이 그려지는 이유입니다. 여기에서 사람을 굳이 분리한다면 참가자와 사회자로 나누고 싶습니다. 참가자는 함께 하는 사람들이죠. 다양한 목소리를 만들어 내는 근원입니다. 그리고 이중에서 사회자가 나옵니다. 사회자를 미리 지정하는 경우도 있고, 참여한 사람들끼리 자연스럽게 진행하는 경우도 있지만 사회자의 역할은 누군가 하게 됩니다. 조금 더 비중 있게 이끄는 사람이 있기 마련이죠. 그리고 그 역할이 매끄러운 모임 진행에 중요한 요소입니다. 은근한 무게 중심이 되는 것이죠. 이렇게 3가지 요소를 책부터 시작해서 하나하나 살펴보겠습니다.

우선 한 권의 지정된 책을 함께 읽고 진행하는 방식의 독서토론을 중심으로 이야기하겠습니다. 다른 모임들과 독서토론의 차이점은 바로 이 책에서 비롯됩니다. 그래서 책을 선정하는 것은 중요한 일이고, 여러 가지 기준을 통해 독서토론에 적합한 책을 선정합니다. 참가자들도 선정 도서가 좋아서 참여하기도 하고, 선정 도서가 마음에 들지 않아 참여하지 않기도 합니다. 독서모임 진행 전 얼굴마담 같은 존재가 되는 것이죠.

그렇다고 너무 부담가질 필요는 없습니다. 책을 선정하는 방법은 다양하니까요. 사회자가 권위를 갖고 책을 선정할 수도 있고, 참여하는 사람들에게 추천을 받아 민주적으로 정할 수도 있습니다. 이 방법을 혼합하여 사회자가 2~3배수를 선정하고, 그 중에 참가자들이 투표를 하는 방식이나, 참가자들의 추천 책들을 후보로 올려 놓고 최종 결정을 사회자가 할 수도 있습니다. 대신 모두 장단점이 있죠. 그러한 의미에서 독서토론에 적합한 책을 고르는 기준을 알아보겠습니다.

첫 번째는 독서토론의 목표, 모임의 컨셉입니다. 독서토론의 취지가 무엇인지, 이 활동으로 얻고 싶은 것은 무엇인지 생각합니다. 그래야 도서 선정의 과정이 개인의 취향을 넘어서 모임의 취지로 확장될 수 있습니다. 이미 하고 싶은 책이 있는 상황이라고 해도, 이러한 부분을 곱씹어 생각해야 해요. 누군가 "왜 이 책을 선정했나요?"라고 묻는다면 대답할 수 있도록 말이죠. 이유가 딱히 없어도 의미를 부여하는 과정에서 모임의 방향성이 잡히기도 합니다. "이 책을 읽고 이런 이야기를 나누고 싶다." 이것이 하나의 지표가 되는 것이죠. 그래야지 혼자 읽는 것과는 다른, 함께 읽기의 가치가 빛을 발합니다. 물론 방향성을 제시할 뿐이지, 답을 제시하는 것은 아닙니다. 이 방향성은 과도한 '삼천포'를 방지하고 책의 가치에 집중하는데 중요한 기준이 될 수 있습니다.

- **목표**: 혼자 읽기 힘든 고전을 함께 읽고 성찰하기
- **목표**: 다루기 힘든 불편한 주제들에 대해 고민하기
- **목표**: 그림책을 통해 마음 치유하기

두 번째는 생각거리를 던져주는 책입니다. 재미있는 책과 생각을 자극하는 책이 같지는 않습니다. 책을 읽은 후 토론을 전제로 할 때, 어떤 이야기를 나눌 것인가는 중요한 부분이죠. 입체적으로 바라볼 수 있는 내용을 담고 있거나, 시의성 있는 주제를 다루거나, 인류의 보편적인 가치를 다루는 등 가치 있는 질문거리를 어렵지 않게 뽑아낼 수 있는 책이 발제의 부담을 덜어줍니다. 사회자가 어떤 책이든 질문을 만들 수 있는 역량이 된다면 크게 문제 되지 않겠죠. 하지만 참가자도 책을 읽으면서 나눌 이야기에 대해 어느 정도 감을 잡을 수 있다면 독서토론의 참여도는 더 높아질 것입니다. 읽으면서 많은 생각을 하게 되고 그것이 자연스럽게 독서토론 준비 시간이 되기 때문이에요. 그래서 너무 난해하거나 관념적인 책, 읽은

후에 '무슨 이야기를 해야할지 모르겠다'는 생각이 드는 책은 (적어도 모임 초반에는) 피하는 것이 좋습니다. 스터디 형식의 탐구형 모임에서 다룬다면 또 다르겠지만요. 독서토론 초기에는 주제가 뚜렷하고 키워드가 명확한 책이 유용합니다.

- **〈1984〉**(조지 오웰): 감시 권력, 미래 사회에 대한 경계
- **〈82년생 김지영〉**(조남주): 여성 인권 문제
- **〈자존감 수업〉**(윤홍균): 현대인의 심리, 자존감 문제
- **〈페인트〉**(이희영): 부모 면접, 가족의 의미

세 번째는 읽을 수 있는 책이어야 합니다. 토론에 참여하는 사람들이 읽고 참여할 수 있어야 합니다. 무슨 당연한 말인가 싶죠. 하지만 사람들의 독서력은 천차만별입니다. 책도 읽기 힘든, 겨우 완독하는 상황에서는 주제에 대해 깊이 고민하고 생각을 담아 이야기 나누는 활동이 매우 부담스럽게 느껴질 수 있어요. 그래서 난이도나 분량, 흥미도 등을 참여하는 사람들의 기준에서 생각할 필요가 있습니다. 특히 학생들은 나이와 독서력을 동일시하는 경우가 많은데, 개별적 언어능력을 미리 고려할 필요가 있어요. 성인의 경우에도 전문 분야 외에는 관심이 없거나 어려워하는 경우가 있으니 잘 체크해야 합니다. 아무리 의미 있는 책이라도 읽히지 않으면 가치를 잃고 모임의 분위기는 시들게 되니까요.

난이도가 높거나 분량이 많은 책은 넉넉한 시간적 여유를 두거나

분량을 쪼개어 읽는 방법을 활용할 수 있습니다. 초등학생부터 성인까지 모두가 '바쁜' 현대인과 함께 하려면 고려해야 할 요소가 많죠. 물론 이런 장애물들을 극복하는 '동기유발' 책들도 있습니다. 사회적 이슈를 다룬 신간 베스트셀러 책이나, 유명한 작가의 작품, 방송에 소개된 작품 등은 참가자들의 흥미를 유발하여 어떤 난관도 극복하게 해줍니다.

- **〈동물농장〉**(조지 오웰) : 분량이 많지 않고, 우화를 통해 쉽게 접할 수 있어 세계명작 입문서로 유용합니다.
- **〈열두 발자국〉**(정재승) : 12가지 독립된 챕터로 나누어져 있어, 관심 있는 내용을 골라 읽을 수 있습니다.
- **〈오헨리 단편선〉**(오 헨리) : 짧은 이야기들 중 일부를 골라 부담 없이 나누어 읽을 수 있습니다.
- **〈데미안〉**(헤르만 헤세) : 인기 가수 방탄소년단 음악의 모티브로 알려져 청소년들이 두통(?)을 참아가며 읽습니다.

참가자, 결국은 사람

다음은 독서토론을 함께 할 사람들에 관한 내용입니다. 2시간을 생각했을 때 인원은 보통 4~8명을 적당한 수로 생각해요. 인원이 적으면 1인당 발언 시간이 확보되면서 깊이 있는 토론이 가능하지만 다양한 사람들의 생각을 접하는 데는 한계가 있습니다. 반대로 인원이 많으면 1인당 발언 시간이 줄어들어 표면적인 이야기에 그칠 수도 있으나, 다양한 사람들의 생각을 들어볼 수 있다는 장점이 있습니다. 그래서 토론의 방향성에 맞게 인원을 조절해야 합니다.

토론 구성원의 남녀성별, 나이, 직업군 등의 특징에 따라 나누는 대화의 내용과 폭이 달라질 수 있습니다. 특히, 학생들의 경우는 인지발달의 차이를 고려하여 구성하는 것이 중요해요. 토론은 상호작용이기 때문에 균형잡힌 토론을 위해서는 한 쪽에 치우치는 것을 경계해야 하죠. 모두의 발언권이 존중받을 수 있는 환경을 만드는 것이 중요합니다.

성인들의 경우에도 특정 연령대를 정하거나, 직업군을 한정하는 경우가 있습니다. 이는 주로 해당 주제에 관심 있는 사람들이 모여 깊이 있게 토론하고자 하는 의도죠. 이와 다르게, 의도적으로 다양한 연령대, 성비를 조절하여 생각의 폭을 넓히는 경우도 있습니다. 이는 토론의 성격과 컨셉에 따라 고려해야 할 사항입니다.

- 청소년 독서모임 / 20~30대 청춘 독서모임
- 주부 독서모임 / 교사 독서모임 / 경영자 모임
- 구로구 지역 주민 누구나 / 평생학습센터 회원
- 남성 4명, 여성 4명 / 여성 독서모임
- 독서 입문자 환영 / 한 달에 3권 이상 읽는 프로 독서러

　토론 구성원의 준비도도 모임 진행에 중요한 요소입니다. 지정된 도서를 다 읽지 못한 사람이 있을 경우에는 어느 정도로 배려해 줄 것인지에 대한 고민도 함께 합니다. 구성원이 준비가 되지 않았을 때 소외되는 참가자가 생기거나, 초점이 명확하지 않은 대화가 많아지는 문제가 발생하곤 합니다. 그래서 요약본 및 관련 자료를 준비하여 제공하거나 모임 시작 전에 함께 책을 훑어보며 내용을 점검하는 방법이 활용되곤 해요. 읽은지 오래 되었거나, 급하게 읽어서 정리가 잘 안 된 상태에서 이런 과정은 큰 도움이 됩니다. 물론 시간과 정성이 할애되는 부분이기에, 모두 준비가 된 상태라면 바로 본격적인 토론으로 들어가는 것도 좋습니다.

　궁극적으로 토론의 질을 위하여 최소 2주 정도의 선정 도서 읽는 시간을 확보하고 꾸준히 관리해 줄 필요가 있습니다. 중간중간 독서 과정을 인증하거나, 질문을 함께 만드는 식으로 참여를 유도하기도 하죠. 책도 중요하지만 토론은 사람이 하는 일이기 때문에, 구성원의 영향을 많이 받습니다. 책을 완독하지 못한 사람은 참여하지 못하도록 규칙을 만들어 놓은 모임도 있을 정도죠. 반대로 책을 완독하지 못한 사람들을 위해 친절하게 책을 원작으로 한 영화를

제공하거나, 리뷰 영상을 공유해 주기도 해요. 이 모든 것이 결국 독서토론의 질을 높이기 위한 방법입니다.

독서토론이 재미있는 것도 사람 덕분이지만, 독서토론 모임이 갈등을 유발하고 와해되는 것도 사람 문제인 경우가 많습니다. 사람들은 다양한 경험 속에서 자신만의 가치관을 확립해왔고, 그것은 책한 권, 몇 번의 토론으로 쉽게 바뀌지 않죠. 예민한 주제들은 더욱 견고한 경우도 많습니다. 궁극적으로 토론 모임에서 모든 다양성을 품어낼 수 있으면 좋겠지만, 쉽지 않은 부분입니다. 그래서 토론 규칙 및 운영 규칙을 명문화하여 개인과 개인간의 갈등을 조율하고자 노력합니다. 모임이 안정화될 때까지는 구성원을 제한하여 정하고, 안정화된 이후에 구성원의 폭을 넓히는 것도 방법입니다.

실제로 독서모임 관련하여 받는 질문 중에 많은 부분이 사람들 관계에 대한 내용이에요. 한 사례를 말씀드리겠습니다. 정말 독서토론에 열심히 참여하는 A씨, 열정적인 참여는 고맙지만 다른 사람들은 A씨의 독선적인 성격을 조금 부담스러워합니다. A씨의 참여 여부를 묻고 모임 신청하는 사람들도 있을 정도로 기피 대상이 되었습니다. 다수의 평안을 위해 A씨를 모임에서 내보내야 할까요? 다양한 사람을 만나기 위한 독서모임이니, 함께 해야 할까요? 저는 공공도서관에서 지속적으로 모임을 하고 있기 때문에, '모두 안고 가자' 주의긴 하지만 비용을 지불하는 사설 모임에서 '스트레스'까지 받고 싶지 않은 분들의 마음도 이해가 갑니다. 여러분이 운영자라면 어떤 선택을 하시겠나요?

사회자, 심판이 필요해!

마지막으로 사회자에 대해서 이야기하겠습니다. 모임의 성격에 따라 사회자의 역할도 다양하게 나눌 수 있지만 주로 발제를 통해 나눌 이야기를 준비하고, 토론을 진행하며 과정을 조율합니다. 사회자가 권위를 갖는 경우 도서 선정부터 토론의 큰 기획까지 담당하기도 하죠. 한 사람이 전담해서 진행하기도 하고, 사회자 역할을 돌아가면서 맡기도 합니다. 모두가 다양한 경험을 해보는 것은 좋지만, 사회자의 진행 역량에 따라 토론의 분위기가 달라질 수 있기 때문에 주의해야 합니다.

사회자가 발제를 할 때 중요한 것은 '우선 순위'입니다. 여러 가지 질문을 만들고 상황을 준비해도 사람 사이에 일어나는 토론은 변수가 많습니다. 그래서 이야기가 다양하게 확산되기도 하고 샛길로 빠지기도 합니다. 이것 또한 토론의 매력이기 때문에 완벽히 통제하는 것도 바람직하지 않습니다.

준비된 발제를 다 해내야 한다는 압박감은 오히려 독이 되기도 하죠. 그래서 유연한 태도와 함께, 넘어가도 될 것들과 놓치지 말아야 할 것들을 미리 정리해 두어야 합니다. 그러한 우선 순위가 무한한 삼천포의 세계에서 독서토론의 발제로, 제 자리로 돌아올 수 있는 원동력이 됩니다. 결국 독서토론이니까요. 작품과 독자의 균형을 잘 잡아주는 것이 중요합니다.

발제하는 것이 부담스러우면 취합하는 방법을 이용해도 됩니다. 한 명 당 하나씩의 질문만 만들어도, 5개 이상의 질문들이 쌓이니까요. 이럴수록 더욱 중요한 것이 여러 가지 질문들 사이의 우선 순위, 선택과 집중이라고 할 수 있겠죠. 좋은 질문과 나쁜 질문의 차이가 아니라, 독서토론의 컨셉을 기준으로 잘 배열하는 것이 포인트입니다.

충실히 발제를 하고 모임을 준비해도, 실제 토론은 어디로 튈지 모르는 탱탱볼과 같이 예상하기 힘들어요. 그 순간순간 상황을 적절하게 조율하며 진행하는 것은 쉽지 않은 일입니다. 많은 경험이 필요하기도 하죠. 저는 사회를 볼 때 나름의 롤모델을 정하라는 이야기를 자주 합니다. 직접 경험이 적으면 간접 경험을 활용하는 것이죠.

자주 나오는 진행자 분들은 손석희, 유재석, 신동엽, 유희열 등이 있습니다. 토론에 직접 개입하지 않고 공정함과 날카로움을 바탕으로 사회를 보는 손석희, 상대방을 배려하며 진행하는 유재석, 순간순간 재치있게 개입하며 웃음을 이끌어내는 신동엽, 조금은 부족해보이지만 경청을 토대로 대화를 조율하는 유희열. 다들 유명한 사회자이지만 각자의 특색이 있습니다. 이러한 상을 머릿속에 그리고 진행하면 도움이 됩니다. 경험이 쌓이면서 자신만의 색깔을 찾아 나가는 것이죠.

나아가 선정 도서나 모임의 분위기에 따라 역할을 유연하게 하는 것이 좋습니다. 부드럽게 상대방의 이야기를 경청할 때와 유머러스하게 분위기를 조절할 때, 날카롭게 이야기를 매듭지을 때 등 상황에 따라 적절한 개입을 하는 것이죠.

기본적으로 모두가 자유롭게 말할 수 있는 분위기를 바탕으로 골고루 발언권을 갖는 것이 이상적입니다. 그래서 말수가 적은 사람들은 한 번씩 지정해서 발언권을 확보해주고, 투 머치 토커에게는 살짝 주의를 주는 것이 필요해요. 물론 기분이 상하지 않도록 말이죠. 특정 주제에 따라서는 한 쪽 입장으로 의견이 쏠리지 않도록 균형을 잡아주는 것도 중요합니다. 균형을 잡는 과정에서 분명히 '옳다고 생각하고 '상식선'이라고 생각하는 것도 다시 한번 성찰하는 것이 필요해요. 요즘 '기울어진 운동장'이란 표현이 여러 상황에서 많이 쓰이는데, 100% 평평한 운동장은 찾기 힘든 현실입니다. 인간의 인지편향은 역사적으로 반복되어 증명되고 있으니까, 평평한 운동장은 과거와 현실, 미래에 모두 찾기 힘들 수도 있겠네요. 모두 노력하는 과정일 뿐입니다.

이러한 진행 과정 속에서 챙길 것이 많지만 가장 중요한 것 중 하나는 토론 참가자의 기분이 나쁘지 않도록 하는 것입니다. 의견 대립이 있어도 그 자리에서 잘 풀 수 있도록, 감정이 상하는 단계까지

가지 않도록 신경써야 합니다. 아무리 좋은 의견이 오고 갔어도, 생각의 교류를 나누었어도, 기분이 상한 상태로 마무리 지으면 안 좋은 기억만 남을 수 있습니다. 나아가 독서토론 자체에 대한 나쁜 기억이 지속적인 참여를 방해할 수도 있어요. 지속적인 독서습관을 위해 '유의미한 독서경험'이 필요하듯이, 지속적인 독서토론을 위해선 '유의미한 독서토론경험'이 필요합니다. 이 '유의미' 속에는 즐거움과 유익함이 모두 포함되죠. 즐거움이 사라지면 '유의미함'도 색깔을 잃고 독서토론을 이어나갈 동력이 사라질 수 있습니다. 그래서 뜨거운 토론 이후에도 유종의 미를 잘 거두도록 노력해야 합니다.

다양한 독서토론 방법

점점 유연해지는 독서토론모임

독서토론의 형태는 굉장히 다양합니다. 책에 따라, 컨셉에 따라 여러 가지 모습으로 기획할 수 있습니다. 창의융합의 시대답게 여러 가지 예술 장르가 혼합되기도 하고, 낯선 공간과 분위기에서 독서토론이 이루어지기도 합니다. 그래서 독서토론에 대한 고정적인 상을 허물고 유연한 마인드로 임해야 창조적이고 매력적인 독서토론을 이끌 수 있습니다.

책을 기준으로 했을 때, 하나의 책을 선정해서 함께 읽고 참여하느냐 아니면 각자 읽었던 다른 책을 자유롭게 가져와서 이야기 나누느냐로 구분할 수 있습니다.

자유도서 독서토론, 아무 책이나 들고 오세요

기본적으로 서로 각자 다른 책을 가지고 와서, 자신이 가져온 책에 대해 다른 사람에게 소개하는 형태로 진행됩니다. 참여한 사람들 중에 이미 읽은 분들이 있을 수도 있고, 없을 수도 있지만 개의치 않고 자신이 준비한 이야기를 합니다. '책'이라는 공통의 관심사 안에서 서로 호기심을 갖고 경청하며 이야기의 범위를 일반적인 소재로 확장하기도 합니다.

서로 읽지도 않은 책에 대해 어떻게 이야기를 나누는지 의아해하는 분들이 있지만, 책을 좋아하는 사람들과 함께 하는 그 분위기 자체의 소중함을 느낄 수 있습니다. 그리고 다양한 책들을 한 곳에서 만나볼 수 있는 것도 큰 장점입니다. 내가 평소에는 접하지 못했던 낯선 책들에 대한 소개도 직접 들을 수 있는 순간이죠. 가장 큰 매력은 나와 맞지 않을 수 있는 지정도서를 읽어야 하는 부담이 줄어든다는 것입니다. 여기서 맞지 않는다는 것은 난이도와 흥미, 관심사, 분량 등 여러 영역이 될 수 있겠죠. 이런 면에서 자유롭기 때문에 마음 편하게 토론에 참여할 수 있습니다.

실제적으로 독서습관을 형성하는데 필요한 것이 '자기선택적 독서'의 개념입니다. 스스로 선택한 책을 읽고 만족감이 높았을 때, 스스로 계속 책을 찾아 읽을 수 있는 힘이 생기는 것이죠. 그런 의미에서 내가 직접 책을 선정해서 읽고 다른 사람들 앞에서 소개하는 자리는 주체적인 독서를 이끄는 소중한 경험이 됩니다.

자유도서 토론의 단점은 깊이 있는 이야기에 한계가 있다는 것인데요. 함께 공유하는 텍스트가 없다보니 공감대 형성에 한계가 있습니다. 아무리 줄거리를 친절하게 설명해도 직접 읽은 것만큼의 감정이입을 하기는 쉽지 않죠. 그래서 이야기가 엇갈리는 경우도 많습니다. 우연히 같은 책을 읽은 사람을 만나 이야기를 진전시킨다고 해도, 나머지 참가자들이 소외될 위험이 있어요. 돌아가면서 책소개만 하게 될 경우는 각자 자신이 하고 싶은 말만 하게 되어 토론 자체가 분절적으로 이루어지기도 합니다.

자유도서 토론에서 사회자의 역할은 서로 흩어져 있는 이야기들을 조화롭게 연결시키는 것입니다. 어떤 책이 소개될지 모르는 상황에서, 집중하여 듣고 키워드를 파악하는 것이 중요합니다. 그리고 그 키워드를 바탕으로 모두가 인지하고 공감할 수 있는 주제로 확장하여 대화를 이끌어가는 것이죠.

예를 들면 〈나를 중심으로 미디어 읽기〉(시간여행)를 누군가 소개했을 때, 그 책을 읽지 않았더라도 일반적인 이야깃거리를 여러 가지 만들 수 있습니다.

[토론] 게임 중독을 하나의 질병으로 분류하는 것에 대해 어떤 입장이신가요?

[토의] 가짜뉴스가 문제시되고 있는데, 어떻게 예방/극복할 수 있을까요?

[수다] 여러분은 책/영화/드라마/웹툰/게임 중 어떤 미디어를 가장 즐겨
이용하시나요?

사회자가 참가자들끼리의 질문과 반응을 이끌어내는 것도 중요합니다. 어떠한 책들이 소개될지 미리 알 수 없는 상황이기 때문에 그 순간에 집중해서 들어야 제대로된 토론이 가능합니다.

○ 표지가 화려한 책이 소개되었을 때
"표지는 어떤 의미인가요?"

○ 제목이 인상적인 책이 소개되었을 때
"제목은 어떤 의미인가요?"

○ 사진, 그림이 많은 책이 소개되었을 때
"사진 몇 장 보여주실 수 있나요?"

○ 문체가 아름답다고 책이 소개되었을 때
"좋았던 구절 읽어주시겠어요?"

○ 극단적인 상황이 모티브가 된 책이 소개되었을 때
"여러분이라면 어떤 선택을 했을까요?"

자유도서 토론도 조건화 작업을 통해서 다양한 변화를 줄 수 있습니다. "나의 인생에 영향을 준 책", "여행 전에 읽으면 좋을 책",

"친구에게 힘이 되는 책", "마음이 따뜻해지는 그림책" 등으로 도서 선택에 주제 제한을 두면 해당 주제에 대해 고민하며 책을 선별하는 즐거움을 줄 수 있습니다. 또 공통의 관심사로 묶어 이야기가 좀 더 밀도 있게 진행되기도 하죠.

그림책과 같이 텍스트가 많지 않은 책, 단편 소설 모음집, 시집, 짧은 에세이집 등은 일부 텍스트를 그 자리에서 함께 읽어볼 수도 있습니다. 그렇게 맥락을 공유하고 이야기를 나누면 깊이 있는 대화도 가능합니다.

지정도서 독서토론, 이 책 읽고 오세요

많은 분들이 일반적으로 생각하고 있는 형태라고 할 수 있습니다. 한 권의 책을 선정해서 모두 함께 읽고 만나서 해당 책에 대한 이야기를 나누는 것입니다. 지정도서는 기본 2주 이상의 기간을 주고 공지를 해야, 참가자들이 미리 책을 읽을 수 있습니다.

이러한 모임의 장점으로는 우선 나의 선택을 벗어난 낯선 경험으로서 새로운 책을 만날 수 있다는 것입니다. 누군가 선정한 책을 의무적으로 읽는 과정 속에서 독서습관이 형성되고, 낯선 만남을 통해 인식의 지평을 넓혀갈 수 있습니다. 혼자 읽었다면 덮어버릴 순간도, 모임 선정 도서라는 긍정적인 부담감이 완독으로 이끕니다. 그리고 토론 준비를 위해 좀더 꼼꼼히 읽는 과정 속에서 새로운 즐거움을 만나기도 하죠.

또 다른 장점은 하나의 텍스트(책)를 공유함으로써 깊이 있는 이야기가 가능하다는 것입니다. 모두가 공유한 맥락 속에는 추가 설명이 필요 없는 기본 전제가 깔려 있고, 이를 통해 깊이 있는 주제를 다룰 수 있습니다. 물론 같은 텍스트지만 서로 다르게 이해할 수 있다는 점을 기본으로 합니다. 나와 다른 삶을 살고 있는 사람들과의 대화 속에는 다양한 시각이 담겨 있기 마련이니까요. 대신 다른 텍스트를 다르게 이해하는 것과 같은 텍스트를 다르게 이해하는 것은 차이가 있습니다. 생각이 갈라지는 지점이 좀더 명확하니까요. 이를 통해 책을 입체적으로 이해할 수 있습니다.

이렇게 하나의 책을 읽고 다양한 생각을 할 수 있다는 것은 '독자 반응이론'을 전제로 합니다. 독서의 과정에서 독자의 반응에 초점을 두면, 새로운 의미들이 생성된다는 것이에요. 해석학, 현상학의 사조에서 이해할 수 있는 부분으로, 책을 열린 텍스트로 보고 독자가 작품의 빈틈을 메우는 것에 가치를 부여합니다. 그래서 하나의 텍스트를 보는 다양한 시각을 존중할 수 있는 것이죠. '창조적 오독'이라는 말이 이 의미를 잘 대변해줍니다. 우리가 기존에 생각한 '오독', 잘못 이해한 것을 교정의 대상이 아니라 창조적인 활동으로 의미부여한 것이죠.

하지만 이러한 의미 자체가 단점이 되기도 합니다. 누군가에게는 정말 좋은 경험을 안겨준 책이, 누군가에게는 지루하고 힘든 경험일 수 있기 때문이에요. 그래서 선정된 도서를 의무적으로 읽는 행위에 대해 거부감을 느끼는 분들이 많습니다. 책을 읽은 후에 불만족과 더불어 불편함을 느끼고 독서토론에 참여하지 않는 역효과가 생기기도 해요. 또한 지정된 시간에, 지정된 책을 읽는 것이 누군가에겐 긍정적인 부담감이 되고, 누군가에겐 심리적 압박이 됩니다. 사람마다 다르죠. 그러다 완독에 대한 압박으로 책을 급하게 대충 읽게 되거나, 심하면 참여하지 않기도 합니다.

이런 모임에서 사회자의 역할은 더욱 두드러집니다. 도서 선정을 하는 다양한 방법이 있겠지만, 사회자(운영자)가 선정하는 경우 신중할 필요가 있습니다. 단순하게 재미있는 책보다, 모임을 알차게 구성할 수 있는 책이 더욱 가치있으니까요. 그리고 그렇게 선정된 책을 읽고 사람들과 어떤 대화를 나눌 것인지 준비해야 합니다. 지정된 텍스트이기 때문에 미리 준비할 수 있고, 많은 분들이 발제문의 형태로 다양한 내용을 미리 구성합니다.

작가 소개나 시대적 배경과 같은 작품에 대한 정보부터 참가자들과의 대화를 열어줄 질문들, 나아가 추가 활동을 함께 기획하고 준비합니다. 우선 가장 중요하고, 힘들어하는 것이 "어떤 이야기를 나눌 것인가?"에 대한 부분이라고 할 수 있어요. 우선 넉넉히 이야깃거리를 뽑을 수 있는 역량을 키우는 것이 중요합니다. 그건 이후에 연습하도록 할게요. 그렇게 만들어진 여러 질문들 중 일부를 선별

할 때는 상위 전제인 컨셉을 생각하는 것이 좋습니다. 사회자가 개인적으로 궁금한 것을 넘어, 다같이 이야기 나눌 담론에 대한 고민, 그리고 참가자들이 참여할 수 있는 여백을 얼마나 열어둘 것인지, 몇 명이서 어느 정도의 시간 동안 이야기를 나눌 것인지 등등. 미리 생각한 만큼 진행도 자연스럽게 됩니다.

어린 학생들을 대상으로 하는 경우에는 작품에 대한 이해를 돕기 위한 자료를 준비하면 도움이 됩니다. 생각보다 작품에 대한 이해가 부족한 친구들이 많기 때문이에요. 줄거리 요약부터 내용 이해에 관한 질문까지 하나하나, 차근차근 진행해야 합니다. 맥락을 놓치고 참여하지 못하거나, 주제와 상관 없는 이야기를 할 수도 있으니 관심 갖고 지켜보아야 합니다. 성인들도 조금 어렵거나 두꺼운 책은 함께 내용 파악을 먼저 한 후 토론을 진행하기도 합니다. 책에 대한 기본 이해가 부족한 상태에서는 토론도 주변부만 맴돌 수 있기 때문이에요.

하나의 책으로 깊이 있는 이야기를 하다 보면 충돌하는 부분들이 있습니다. 사회자는 이런 부분을 지혜롭게 조율해야 하죠. 충돌을 피하는 것만이 좋은 행위는 결코 아닙니다. 그러한 충돌 속에서 서로 이해하고 조화로운 균형을 만들어나가는 과정이 독서토론을 더욱 탄탄하고 의미있게 만들기 때문입니다. 누군가를 가르치거나, 결론과 교훈을 이끌어내려고 하기보다 균형을 맞춘다고 생각하고 거리를 살짝 두는 것이 중요합니다. 사회자의 말에는 일반 참가자보다 힘이 실리는 경우가 많으니까요.

　지정도서에 대한 부담을 줄이고자 다양한 방법들이 나오고 있습니다. 단편집을 활용해서 짧은 단편을 다루거나, 심지어는 모인 자리에서 함께 책을 읽고 바로 참여하는 경우도 있습니다. 그림책과 같은 경우는 그 자리에서 함께, 또는 돌려서 읽을 수도 있죠. 또 시리즈는 한 권씩 나누어서 읽고, 두꺼운 책은 한 챕터씩 쪼개서 읽고 만나며 완독에 대한 부담을 덜어주기도 합니다. 작품에 대한 다큐나 영화가 있으면 그것으로 대체하기도 하죠. 참가자에 대한 배려를 바탕으로 지정된 텍스트보다 그 자리에서의 대화를 중요시하는 흐름이라고 할 수 있습니다.

다양한 독서토론, 우선 모이세요! 책은 거들 뿐

　요즘 '복합문화공간'으로 활약하는 카페나 서점, 스터디룸 등이 많이 있습니다. 독서모임을 넘어 문화모임으로 영역을 확장한 곳들도 있죠. 과거에는 독후활동의 하나로 여겨지던 것들이 주객전도되어 책보다 더 큰 영향을 미치기도 합니다.
　과거 처음으로 영화 토론모임을 진행하게 된 과정이 재미있어요.

처음에는 독서모임답게 책을 선정하고 같이 보면 좋을, 비슷한 주제의 영화를 추천하곤 했습니다. 그러다 책을 원작으로 한 영화를 함께 보며 비교하기도 했죠. 종종 책을 완독하지 못한 참가자에게, 영화라도 보고 오도록 유도하기도 했습니다. 나중에는 영화를 먼저보고, 관심 있으면 그 이후에 책을 보는 구성원들도 있더라고요. 그런 과정을 거쳐 최종적으로 책과 거리를 두고 영화 자체에 집중하며 토론하는 자리도 추가로 만들었습니다.

그때는 소모임 문화가 활성화되지 않아 시행착오도 많이 있었는데, 지금은 이런 영화토론모임이 부쩍 늘어났습니다. 분위기 좋은 공간에서 함께 영화를 보고 바로 감상을 나누거나, 영화를 각자 미리 보고 온 후에 대화를 하거나, 함께 영화관에서 영화관람을 하고 카페에서 이야기를 나누는 등 형태도 다양해졌어요. 접근성 높은 영화 모임은 유연하게 진행되며 점점 더 큰 인기를 얻고 있습니다.

누군가는 '책을 읽지 못하는' 사람들에 대한 독서력을 걱정하지만, '중요한 것은 책이 아니라 생각을 나누는 것'이라고 말하는 분들도 있습니다. 영상 미디어가 큰 영향력을 발휘하고 있는 만큼 오로지 책에만 종속될 필요가 없다는 것이죠. '책은 거들 뿐' 사람과 특정 주제가 중심인 모임도 많아지고 있는 추세입니다. 지정 도서냐 자유 도서냐 보다 어떤 활동을 하는지가 중점이 되죠.

다양한 형태의 모임들을 사례 중심으로 알아보겠습니다. 앞에서 살짝 언급한 종합 미디어 활용 모임입니다. 책과 영화, 드라마, 웹툰

등 미디어들은 서로 원작의 경계를 넘어 큰 영향을 받고 있어요. 많은 책이 영화화되는 것을 시작으로 드라마와 웹툰, 웹소설, 연극, 뮤지컬 등으로 재탄생하거나 역으로 다른 미디어가 책으로 나오기도 합니다. 이런 상황에서 책에 국한하지 않고 하나의 '작품'으로 이해한 뒤에 다양하게 경험하는 모임들이 많습니다. 책 〈안나 카레니나〉는 두꺼워서 엄두도 안 나지만, 영화와 뮤지컬은 부담 없이 즐기고 만나서 토론할 수 있는 것이죠. 학생들을 대상으로 한 영화나 애니메이션도 큰 인기를 얻고 있기 때문에 학교 수업에서도 많이 활용하고 있습니다. 〈마당을 나온 암탉〉, 〈괴물들이 사는 나라〉, 〈샬롯의 거미줄〉 등 책과 영화를 잘 활용하면 아이들의 상상력을 새로운 방향으로 자극할 수 있습니다.

특정 주제를 바탕으로 한 스터디 모임의 형식도 있습니다. '재테크'를 공부하기 위해 경제관련 도서를 함께 읽고 공부하거나, '육아'를 공부하기 위해 교육관련 도서를 읽고 함께 정보를 공유하는 식입니다. '학생들의 경우도 특정 과목에 특화된 도서들이 많기 때문에 '과학 동아리'에서 과학에 대한 책을 읽고 함께 이해하며 실험을 한다거나 '역사 동아리'에서 역사 관련 책을 읽고 내용 이해와 함께 답사로 마무리를 하는 형태로 진행하곤 합니다. 인상 깊었던 것은 '커피'와 관련된 책을 다룬 모임이었어요. 커피에 관련된 책을 읽고 대화를 하며 커피에 대해 알아보고, 인문학적인 대화를 나누고, 직접 카페를 탐방하며 커피 맛도 보는 기획이었는데, 참 흥미로웠습니다. 관심사가 세분화됨에 따라 개성 있는 모임도 많아지고 있습니다.

바늘과 실처럼 읽기와 쓰기는 긴밀한 관련이 있죠. 많이 읽는 분들은 쓰기에도 관심이 많습니다. 그래서 글쓰기 모임도 많아요. 독후활동으로써 독서감상문이나 서평을 조금씩 활용하는 경우도 있지만, 책을 소재 삼아 글쓰기에 집중하는 모임도 있습니다. 자신만의 작품을 만드는 것이죠. 상처 받은 현대인들에게 큰 인기를 얻은 감성 에세이와 함께 내면을 치유하는 글쓰기 모임은 감정의 배출구로서 글을 쓰게 합니다. 또 감성적인 시집의 일부나 좋은 문장을 함께 필사하며 정서적 안정을 얻기도 하죠.

다양한 콘텐츠 생산을 장려하는 이 시대에 창조적인 활동으로서의 글쓰기는 책쓰기 열풍으로 이어지기도 합니다. 학생들도 동아리 형태로 글들을 모아 문집을 넘어 책을 출판하는 모습을 종종 볼 수 있죠. 독립출판의 활성화와 함께 '나도 작가다'라는 타이틀이 만인에게 열린 것도 한 몫을 하고 있습니다. 읽는 사람이 줄어들고 쓰는 사람들만 많아지는 것에 우려를 표하는 사람들도 있지만, 읽고 쓰기가 하나의 덩어리라는 의미에서 쓰기 모임의 형태로 전이된 것은 자연스러운 모습입니다.

책의 장르에 따라 다양한 예술과의 콜라보도 이어집니다. 음악에 관련된 책을 읽고 음악을 듣고, 음악회에 참여한다거나 미술에 관련된 책을 읽고 미술관을 함께 가는 것이죠. 한 권의 소설에 다양한 음악이 소개되었을 때, 그 음악들을 찾아 듣고 이야기하는 모임의 형태로 신선한 조화가 이루어지기도 합니다. 책이 다루는 주제가 다양해질수록 모임의 형태도 무궁무진합니다. '체험'과 '경험'을 중시하는 사회적 트렌드도 취향 모임 문화 확산에 큰 기여를 합니다. 우리가 고상하게 둘러 앉아 지적인 대화를 나누는 것만이 독서 토론이라고 규정짓기 힘든 시대적 흐름도 인지할 필요가 있습니다.

분류	내용	예시
작가	한 작가의 작품 다루기	'헤르만 헤세' 깊이 읽기
배경	특정한 시간적/공간적 배경을 소재로 한 작품 다루기	'홀로코스트' 다룬 작품 읽기 중국을 배경으로 한 작품 읽기
작품	한 장르 집중해서 다루기	한국소설 맛보기 추리소설 파고들기
독자	참가자 중심으로 다루기	인생 추천작 함께 읽기 돌아가면서 사회 / 질문하기
기타	다양한 방법으로 즐기기	필사하기, 낭독하기 베스트셀러 읽기 두꺼운 책 함께 읽기

한 작품으로도 다양한 결의 모임을 만들 수 있습니다. 어느 영역에 집중하느냐에 따라 방향이 달라지는 것이죠. 작가의 생애에 집중해 그가 남긴 전작을 함께 읽으면 작가의 세계관과 가치관, 작품 세계에 대해 깊이 있게 이해할 수 있습니다. 또 작가가 살았던 집,

인터뷰, 삶의 흔적들을 좇으며 사람을 이해해 보는 식으로 진행할 수도 있죠. 저 또한 〈토지〉를 읽고 통영에 있는 박경리 문학관을 다녀왔으니까요.

또 특정 시대를 대표하는 작품들과 사건들, 유적지를 비롯한 다양한 자료를 바탕으로 그 시대를 이해해 보는 형태도 가능합니다. 역사 소설 같은 경우, 당시의 역사를 입체적으로 이해하는데 큰 도움이 돼요. 문학은 교과서와 다르기 때문에 새로운 시선으로 바라볼 수 있는 기회를 줍니다.

그 이외에도 작품의 형식, 독자의 취향 등에 맞게 다양한 형태로 모임을 진행할 수 있고, 이런 모임을 2~3개월 '시즌제'의 형태로 운영하는 모습도 많이 보입니다. 짧은 호흡으로 다양한 즐거움을 누릴 수 있는 하나의 트렌드라고 할 수 있죠.

찬성과 반대, 경쟁식 독서토론

스포츠와 같은 경쟁식 독서토론

앞에서 독서토론의 다양한 의미와 성격에 대해서 이야기 나누었는데요. 조금 다른 기준으로 구분하자면 경쟁식 토론과 비경쟁식 토론으로 나눌 수 있습니다. 앞에서 분류한 3가지 개념(토론, 토의, 수다)으로 보면, 토의와 수다 영역을 비경쟁식, 토론을 경쟁식으로 분류할 수 있습니다. 책의 유무보다 대화의 형식을 더 중시한 분류죠. 그래서 특정 책을 미리 지정하여 책에서 발제를 하는 경우도 있고, 책과 상관없이 사회 주제를 바탕으로 토론을 하는 경우도 있습니다. 이번에는 경쟁식 토론에 대해 집중적으로 다루겠습니다.

토론은 '하나의 주제에 대하여 서로 대립되는 입장의 사람들이 서로 설득하는 말하기 과정'이라고 할 수 있습니다. 찬반토론, 경쟁식 토론, 대립토론, 디베이트 등의 다양한 이름으로 불립니다. TV 방송에서도 특정 주제에 대하여 입장이 대립되는 참가자들과 함께 토론하는 프로그램들을 쉽게 볼 수 있죠. 그리고 다양한 토론대회들이 초등~성인까지 수시로 개최됩니다. 이런 토론 자리에서 보이는 참가자들의 격정적인 모습들 때문에 토론에 대한 부정적인 인식이 생기기도 합니다. 서로 기분이 상하면서까지 왜 토론을 하는 것일까요? 스포츠를 떠올리시면 이해가 쉬워요. 운동회만 해도 청팀 vs 백팀으로 하면 서로 열정이 샘솟고 젖먹던 힘까지 끌어내게 되죠. 물론 힘들긴 하지만 그 속에서 얻는 것도 많이 있어요. 우리가 하는 경쟁식 독서토론의 교육적 의의를 차근차근 알아보겠습니다.

경쟁식 토론의 개념, 왜 굳이 싸워야 하는가?

경쟁식 토론을 하는 과정에서 얻을 수 있는 특별한 것이 있습니다. 그러니 많은 우려와 부정적 인식 속에서도 그 가치를 인정받고 유지되고 있는 것이겠죠.

첫째, 토론 주제에 대해 깊은 관심을 갖고 이해하게 됩니다. 토론 주제는 굉장히 시의적이고 예민한 주제들을 다룹니다. 대립각이 형성되는 주제는 서로의 입장 차이를 전제로 하고 있기 때문이죠. "수능시험을 폐지해야 한다."라고 했을 때, 수능시험을 폐지하고자 하는 입장과 유지하고자 하는 입장이 분리되고, 대립각이 형성됩니다. 이 대립각 속에서 경쟁심이 발동하며 서로 약점을 보이지 않으려고, 또 약점을 찾으려고 노력합니다. 언제든 반박당할 수 있다는 것을 전제로 하니까요. 그래서 더욱 치밀하게 준비하게 되고 그 과정에서 해당 주제에 대해 깊이 있게 이해하게 됩니다.

둘째, 양쪽 입장에 대한 입체적 관점이 형성됩니다. 그냥 이해하는 것이 아니라, 찬성과 반대 같은 입장을 함께 공부하다보면 해당 주제에 대해 다양한 각도로 생각하게 됩니다. 찬성하는 입장이 절대적으로 옳지도 않고, 반대하는 입장이 절대적으로 옳지도 않은 상황을 맞닥뜨리며 서로의 입장에 공감할 수 있습니다. 그래서 많은 토론 대회에서 찬성과 반대 입장을 미리 알려주지 않고, 양쪽을 모두 준비하게끔 합니다. 주제에 대한 생각의 폭을 넓히는 것이죠. 그 이후 토론에 임박하여 입장을 알려주고 준비하도록 합니다. 그럼 내가 찬성의 입장에 있더라도, 예상 반론을 준비하는 과정이나 실제 토론하는 과정에서 상대방의 입장을 좀더 깊이 있게 이해할 수 있습니다.

셋째, 논리적·비판적 사고력이 형성됩니다. 토론의 공격적 성격에 대해 부정적으로 생각하는 분들이 많지만 스포츠로 생각하면 이해하기 쉽습니다. 그냥 마음 편하게 운동하는 것과 다르게 승부를 위해 경쟁하기, 기록을 재기, 페이스 메이커를 두기와 같은 행위는 선수의 숨겨진 잠재력까지 이끌어냅니다. 평소 순한 성격의 사람도 토론에 임하다 보면 '창과 방패'의 역할 속에서 더 철저히 준비하게 돼요. 상대방을 설득하기 위해 날카로운 논리를 만들고, 상대의 허점을 파악하기 위해 비판적으로 접근합니다. 이 과정 속에서 논리적·비판적 사고력이 향상됩니다. 요즘처럼 가짜뉴스가 큰 사회적 문제가 되고 있는 시기일수록 필요한 능력이죠. 상대방의 콘텐츠를 '우리편'이라고 생각하며 그냥저냥 넘겨보는 것이 아니라, '상대편(타자)'이라고 생각하고 어떤 문제점이 있는지 거리를 두고 분석하는 것입니다.

넷째, 전략적 의사소통 능력을 기를 수 있습니다. 토론에서의 창과 방패는 모두 '말'입니다. 그래서 토론을 통해 전략적 말하기 능력을 향상시킬 수 있습니다. 상대방을 설득하기 위해서는 다양한 전략을 적재적소에 활용해야 하고, 적절한 반론을 위해서는 상대방의 말을 또한 정확하게 들어야 합니다. 평소의 대화처럼 쉽게 말하고 흘려 듣다가는 상대방에게 꼬투리 잡힐 수 있으니 집중해야 합니다. 또 여러 가지 제한된 상황은 좀더 효율적인 말하기를 가능하게 해요. 정해진 시간 동안 나의 생각을 효과적으로 전달하기 위해선 조리 있게 말해야 하니까요.

다섯째, 민주주의 사회에 꼭 필요한 갈등 조절 능력을 키울 수 있습니다. 누군가는 토론이 갈등을 유발한다고 생각할 수 있습니다. 하지만 민주주의 사회에서 서로 다른 의견의 충돌은 이미 존재했고, 그것을 표면 위로 꺼낸 것이 토론의 자리일 뿐입니다. 외면하고 있다고 그 갈등 요소가 사라지지는 않습니다. 오히려 같은 생각을 가진 사람들끼리만 모여 교류하다보면 확증편향(선입관을 뒷받침하는 근거만 수용하고, 자신에게 유리한 정보만 선택적으로 수집하는 것_한경 경제용어사전)만 강화될 뿐입니다.

토론에서 중요한 것은 형식이고, 이 모든 것이 정해진 주제, 제한된 시간, 촘촘한 규칙, 정확한 심판이라는 무대 위에서 이루어져야 합니다. 이는 민주주의 사회에서 정당하게 자신의 권리를 표출하는 방식을 배워나가는 것입니다. 이러한 대화와 토론은 사회 속에 직면한 다양한 문제를 효율적으로 해결할 수 있는 방안이기 때문에, 건강한 토론 문화 형성은 매우 중요한 사안입니다. 우리가 살아가는 사회는 어떠한 상황이든 갈등 요소가 개입될 여지가 많습니다. 서로의 이해관계가 얽혀 있기 때문이죠. 겉으로만 *끄덕끄덕*하는 '거짓 존중'은 사태를 악화시킬 수 있습니다. 우리는 토론을 통해서 갈등을 직면하고 건강하게 해결하는 방법을 배울 수 있습니다. 토론의 궁극적인 목적은 상대방을 이기기 위한 것이 아니라 서로를 이해하며 해당 주제에 대한 문제를 합리적으로 해결하기 위한 것이니까요.

경쟁식 토론의 핵심 요소, 지킬 건 지켜야지!

토론에서 중요한 것은 규칙과 형식이라고 말했습니다. 정정당당하고 공정한 경기를 위한 심판 같은 것이죠. 그 안에서도 굉장히 다양한 규칙이 있고 적용되는 상황에 차이가 있지만, 기본적인 형식을 중심으로 알아보도록 하겠습니다.

공통적으로 토론을 이루는 요소는 '주제에 대한 상반된 입장', '주장과 근거', '설득 전략', '규칙'입니다. 앞에서도 언급했듯이 토론의 주제는 상반된 입장으로 나누어져야 합니다. 그래야 명확하게 자신의 입장에서 논리를 전개할 수 있으니까요. 말이 청산유수라고 하더라도 자신이 지키고자 하는 입장을 대변하지 못한다면 그 토론은 실패하게 됩니다. 그래서 채점 요소에서도 '일관성'이 큰 비중을 차지합니다. 자신의 평소 생각이 어떤지는 크게 중요하지 않아요. 토론이라는 링 위에서는 자신이 입은 조끼의 색을 분명하고 일관되게 드러내는 것이 중요합니다. 토론하는 순간에 입장을 번복하고, 오락가락하는 모습은 큰 약점 요소가 돼요. 주제에 대한 성찰은 경기 이후에 해도 늦지 않습니다. 아니, 이후에 꼭 다시 해야 합니다.

토론에서 나누는 말은 모두 하나의 주장이라고 할 수 있습니다. 그런 의미에서 한 마디도 허투루 하지 않겠다는 다짐(?)이 필요해요. 요즘 말로 '뇌피셜'이라는 말이 있습니다. 그냥 어떠한 데이터, 근거, 출처 등도 없이 머릿속에서 생각나는대로 말하는 것을 일컫는 용어입니다. 토론에서는 이러한 말하기를 가장 경계합니다.

예를 들어, "요즘 사람들 많이 힘듭니다."라는 흔한 말을 하더라도, 왜 그렇게 생각하는지에 대한 명확한 근거가 있어야 합니다. 설문조사, 인터뷰, 통계 데이터, 경제성장률 등등. 평소 짐작하고 믿고 있던 내용이라도 생각의 출처를 밝히고, 근거를 준비해야 합니다. 책을 바탕으로 토론을 진행하는 경우에는 책에 담긴 텍스트가 중요한 출처이자 근거가 되죠. 그래서 책을 꼼꼼히 읽고 객관적으로 이해하려고 노력해야 합니다. 상대방의 말도 비판적 시각을 갖고 근거를 따지며 들어야 합니다. 그런 의미에서 토론에서의 말하기는 명확하고 명료할 필요가 있죠. 이러한 '명확성'도 평가 요소에 큰 영향을 미칩니다.

명확한 주장과 근거는 기본이고, 이를 효과적으로 활용하기 위한 전략도 토론의 중요한 요소입니다. 현장에서 즉각적으로 주고받는 대화는 서로 배려하는 릴레이 탁구와는 다르게 날카롭고 위협적입니다. 서로 많은 준비를 했지만, 제한된 시간 속에서 꺼낼 수 있는 카드는 한정적이죠. 상대방이 어떤 카드를 꺼낼지 모르기에 변수가 많습니다. 서로 주고받는 주장과 반론 속에서 순간적인 대응 능력이 중요하고, 적절한 타이밍을 잡기 위해선 귀를 쫑긋, 집중해서 들어야 합니다. 그리고 상황에 맞는 적절한 전략을 사용하는 '메타인지 능력(자신의 인지적 활동에 대한 지식을 바탕으로 조절하고 보완하는 능력_생활 속의 심리학)도 필요하죠. 상대방의 허를 찌르는 독창적이고 창의적인 전략은 판의 흐름을 바꿀 수 있는 힘을 갖고 있으니까요. 그래서 팽팽한 토론일수록 '독창성/창의성'과 같은 요소가 승부를 가릅니다.

규칙과 심판이 없다면 스포츠는 제대로 흘러가지 않습니다. 축구에서 손을 사용하지 못하기 때문에 발로 할 수 있는 다양한 기술을 개발하여 사용하는 것인데, 누군가 함부로 손을 사용한다면 어떨까요? 흐름이 깨지고 시합 경기 자체가 진행이 되지 않겠죠. 그런 의미에서 토론에서의 규칙과 사회자의 역할은 매우 중요합니다. 역동적인 토론일수록 통제에서 벗어나 난장판이 되는 경우가 많으니까요. 규칙이 없는 토론은 그냥 말싸움과 다르지 않습니다. 그래서 많은 관심을 받는 토론 프로그램의 후기에는 사회자의 역할에 대한 코멘트가 꼭 따라옵니다. 그만큼 중요한 역할이죠.

참가자들이 토론에서 지켜야 할 사항에 대해 먼저 알아보겠습니다. 우선 정해진 주제와 논점을 이탈하지 않는 것이 중요합니다. 토론에 몰입하다 보면 정해진 주제에서 벗어나 다른 이야기로 흘러가기도 합니다. 하지만 도를 넘은 논점 일탈은 효율적이고 건강한 토론을 방해하는 요소이기에 감점을 당하거나, 사회자의 제재를 받게 됩니다. 불리한 상황에서 전략적으로 논점 흐리기, 인신 공격 등을 하는 경우도 있으나 태도 면에서 감점 요소입니다.

그리고 공평한 발언 기회를 제공하기 위한 시간 제한 규칙을 중시해야 합니다. '목소리 큰 사람이 이긴다.'와 같은 무작위한 상황을 방지하기 위해 시스템을 활용해 개인당 발언 시간을 할당하는 경우도 있고, 사회자의 판단에 맡기는 경우도 있습니다. 어떠한 상황이든 토론에서 발언권은 균등하게 나누어 가져야 하고, 그러한 제한된 조건 속에서 명료한 말하기가 이루어집니다. 그래서 실제로 많은 사람들이 제한 시간 내에 이야기하는 것을 어려워합니다. 아무리 준비를 많이 했어도, 실제로 보여줄 수 있는 것은 한계가 있는 법이죠. 그러므로 토론 중에도 수시로 전략을 수정하고 반영하는 과정이 필요합니다.

사회자는 스포츠의 심판이라고 할 수 있습니다. 실제로 토론 방송을 보면 사회자의 통제에 따르지 않는 참가자들을 많이 볼 수 있죠. 감정이 격해지다 보면 규칙을 잊기도 하고, 주제를 벗어나기도 하는데 이럴 때 사회자의 적절한 통제가 필요합니다. 원활한 토론을 위해서 항상 경청하고, 상황을 주시하며 대화가 논점에서 어긋났을 때 바로 잡을 수 있는 담대함도 필요합니다. 큰 논제 내에서도 다양한 갈래로 쪼개지거나 영역이 확장되는 경우가 있는데, 사회자의 재량으로 논점을 명확히 해야할 경우도 있습니다. 서로 다른 이야기만 쏟아내는 것은 크게 의미가 없으니, 하나의 접점을 만들어주는 것이죠. 민감한 사항일수록 발언권을 고루 분배하고, 균형잡힌 태도를 유지하도록 노력해야 합니다.

토론에 대한 평가는 심사위원이 있는 경우, 배심원이 하는 경우, 온라인 집계를 통한 경우 등 여러 가지 방법이 존재합니다. 주관적인 평가로 인해 평가 자체에 대한 공정성이 문제되기도 하지만, 경쟁 구도에서 승패의 결과는 좋은 피드백이 됩니다. 여기서 중요한 것은 나의 가치관이 어떤 입장을 지지하느냐가 아니라, 참가자들이 토론을 어떻게 했느냐입니다. 예를 들어 내가 배심원이라고 할 때, "통일해야 한다"라는 주제에서, 내가 평소에 토론을 찬성하는 입장이라고 무조건 찬성 측을 응원하고 그쪽에 투표하는 것은 바람직하지 않습니다. 찬성과 반대가 서로 어떻게 토론하는지에 관심을 가져야 합니다. 나와 입장이 다르더라도, "말 되는데? 설득력 있는데?" 이런 생각이 들 수 있도록 마음을 열고 토론을 평가해야 합니다.

경쟁식 독서토론의 과정, 치열한 그 순간을 즐기자

토론을 크게 전·중·후, 3단계로 나누어 과정을 살펴보겠습니다.

토론 전에는 주제를 파악하고 주제에 대한 자료를 조사합니다. 풍부한 자료 조사를 통해 주제에 대해 깊이 이해하는 과정이 중요해요. 다양한 입장에 대한 자료들을 확인하며 주제를 입체적으로 이해해야 합니다. 토론 대회 때, 찬성과 반대 입장을 미리 알려주지 않고 대회가 임박한 순간에 공지하기도 하는데, 이러한 이유라고 할 수 있어요. 자료는 항상 출처를 확인하고, 최신 자료를 중시하며, 자료에 대한 반박 자료, 특정 자료의 허점도 잘 파악해두어야합니다. 나의 자료가 상대방의 자료로 쓰일 수도 있기 때문이죠. 풍부한 자료를 바탕으로 미리 전략을 짜고 시뮬레이션을 해보는 것도 큰 도움이 됩니다. 예측할 수 없는 토론 현장에서는, 미리 준비한 만큼 안정적으로 임할 수 있습니다.

토론 전에 주제를 명확히 이해하고, 논의 방향과 접점을 분명히 해야 알찬 토론이 진행될 수 있습니다. 특히 참가자들이 주제를 잘못 이해하고, 엉뚱한 방향으로 토론을 준비하면 실제 토론 때도 대화가 어긋나기 마련이고, 분위기도 산만해집니다. 입론-반론-상호토론 등의 순서와 제한 시간 등 형식에 대한 내용도 미리 인지하고 연습해야 합니다.

토론 중에는 준비한 내용을 효과적으로 전달하도록 노력해야 합니다. 결국 말하기를 통해 전달되기 때문에 내용이 아무리 좋아도 상대방에게 닿지 않으면 의미가 없죠. 원고를 보고 읽는 것이 아니라, 배심원과 심사위원, 상대 참가자와 상호작용하는 마음으로 또박또박 입장을 전달해야 설득력이 높아집니다. 그리고 집중해서 상대방의 이야기를 들어야 효과적인 대응을 할 수 있어요. 준비한 전략이 있더라도 토론 중에는 언제든지 전략을 수정할 수 있는 유연성이 필요합니다. 이럴 때 상호협동심이 큰 힘을 발휘하기도 하죠. 한창 이야기에 빠지면 합리적인 생각을 하지 못하고, 상대방에게 휘말리곤 하는데, 그때 팀원들이 함께 소통하며 전략을 수정하고 대응하는 것이 중요합니다. 쉬는 시간을 작전 타임으로 적극 활용하는 경우도 많습니다.

토론 중에 활용할 수 있는 다양한 기술을 살펴보겠습니다. 구체적으로 들여다보면, 토론은 주장과 반론의 연쇄적 상호작용이라고 할 수 있어요. 여기서 어떤 자료를 활용하여 탄탄한 근거를 만들고, 무슨 전략으로 활용할 것인지 고민하며 운영하는 과정이 포함됩니다. 그리고 마지막 최종 변론으로 깔끔하게 마무리하는 것입니다.

이 모든 것이 말하기로 진행되기 때문에 다양한 말하기 전략을 사용하는 것이 중요합니다. 토론에서 가장 많이 활용되는 것 중에 하나는 '통계'입니다. 집단 현상을 숫자로 나타낸 것이죠. 숫자는 객관적인 데이터로 신뢰를 주기 때문에, 토론에서 적극 활용됩니다. "지금 청소년은 불행하다."라고 말하면 "내 청소년 동생은 행복하다고 했습니다."라고 반론할 수 있습니다. 그래서 20XX년 청소년 자살률은 몇 %이고, 이는 OECD 회원국 중 몇 위라는 데이터를 근거로 말하며 말의 객관성을 확보하는 것이 중요하죠. 통계는 신뢰할 수 있는 출처를 분명히 하고, 최신화 데이터를 활용해야 합니다. 그렇지 않으면 약점으로 돌아올 수도 있습니다.

"인용"은 남의 말을 빌려 쓰는 것입니다. 권위 있는 사람의 말을 빌려 내 말에 권위를 더하는 전략이죠. 예를 들어, "동물을 보호하자"라는 말을 할 때에도, "노벨평화상 수상자였던 ○○○는 '동물들은 우리의 동지다'라고 말했습니다."는 식으로 말의 무게감을 실을 수 있습니다. 대신 이런 인용은 상황과 맥락을 정확히 고려해야 합니다. 전체 맥락에서 어긋난다면 아전인수격(자기 논에만 물을 대려는 행동으로, 자기에게만 유리하게 해석하고 행동하는 태도_살아있는 한자 교과서)의 잘못된 인용으로 치부될 수 있습니다.

"감성"은 감정에 호소하는 전략입니다. 토론이라고 해서 논리적인 이야기만 해야 되는 것은 아닙니다. 논리적으로 팽팽할 때, 이런 감성적인 전략이 판을 기울게 하고, 심사위원과 배심원의 마음에 더 와닿을 수도 있습니다. 결국 상대방을 설득하는 것이 목적이기 때문이죠. "통일해야 한다"라는 주제의 토론에서, 정치적 입장과 경제적인 이익이 모두 중요하지만, 이산 가족 상봉에 대한 이야기가 빠지지 않는 이유입니다. 직·간접적인 경험이 바탕이 되면 이러한 공감 요소를 더욱 자극할 수 있습니다. 하지만 감정은 개인적 요소이기 때문에 일부의 경험을 바탕으로 일반화하는 오류를 범할 수 있음을 항상 경계해야 합니다.

"비유와 예시"는 상대방에게 조금 더 쉽게 내용을 전달하기 위한 방법입니다. 토론을 하는 상대편, 배심원, 심사위원 모두에게 효과적으로 의미전달을 하는데 유용합니다. 학교 내 CCTV 설치 의무화를 찬성하는 입장에서 예를 들면, 한 학생이 학교 폭력을 당했을 때 CCTV 기록이 효과적인 증거물이 되어 가해 학생을 처벌할 수 있다고 설명하는 것입니다. 그럼 좀 더 구체적으로 상황이 그려지고, 그 필요성을 절감할 수 있게 되죠. 하지만 구체적인 예시와 비유가 적절히 사용되지 못했을 때에는 오히려 주장을 모호하게 만들 수 있어 주의해야 합니다.

중요한 것은 이 다양한 기술들을 아는 것이 아니라, 적절하게 토론 속에서 사용하는 것입니다. 이런 격렬한 상호작용 속에서 우리는 새로운 자극을 받게 됩니다. 이미 놓여진 것들은 하나의 문화로, 질서로, 관습으로 자리잡아왔지만, 그것은 절대적이지 않습니다. 그러한 기존의 가치관들은 새로운 가치관에게 위협을 받고, 그 과정 속에서 토론을 합니다. 그리고 이를 통해 조화와 균형을 찾게 되죠. 이렇게 찾은 조화와 균형도 시간이 지나 기존의 관습이 될 것이고, 또 다른 반대 세력을 맞이할 것입니다. 이런 역동적인 민주사회를 건강하다고 보았을 때, 토론 능력은 교양 있는 민주 시민으로서 갖추어야 할 필수 능력입니다.

토론 후 누군가는 웃고, 누군가는 아쉬움에 고개를 떨굴 수도 있습니다. 기본 경쟁 구도를 바탕으로 하기 때문에 승자와 패자를 나누는 경우가 많아요. 토론 방송 프로그램에서 바로 승부를 정하지 않는 경우도 있지만, 시청자들은 나름 배심원이 되어 자체적으로 판단하고 평가의 댓글을 남깁니다. 그러한 여론의 평가가 기사화되기도 하죠. 승패의 결과 이외에도 토론 상황에서의 말실수, 효과적인 대응, 매너없는 태도 등등을 되짚어보며 성장의 계기로 삼는 것이 중요합니다.

학습적으로 보았을 때, 토론을 통해 얻을 수 있는 가장 큰 수확은 인지적 유연성입니다. 그래서 토론에서 맡은 입장이 자신의 기존 신념과 다른 경우에도 충실히 임할 수 있는 것이죠. 지지 세력의 스피커 역할을 하는 정치인들의 토론과는 결이 다릅니다. 토론

시 주고 받은 내용을 정리하며 주제에 대해 다시 한번 살펴보고, 토론 입장과 별개로 자신의 가치관을 확립해보는 시간을 꼭 가져야 합니다. 그래서 외국에서는 토론 후에 에세이 쓰기 활동을 하는 경우가 많습니다. 하나의 입장을 넘어 주제에 대한 나의 생각을 글로 표현해보는 것이죠. 앞에서 정해진 입장에 대한 일관적이고 명확한 표현에 집중했다면, 이번에는 좀더 자유롭게 의식의 흐름에 맡겨도 됩니다. 상대방의 입장에 대한 공감, 전략에 대한 칭찬, 설득 당한 경험 등도 토론이 끝난 후이니 솔직하게 작성해도 됩니다. 토론은 끝나도 인생은 계속되니까요.

경쟁식 토론 발제법 3가지

토론을 지도할 때 중요한 것은 발제입니다. 명확히 대립되는 입장의 주제를 정하지 않으면, 참가자들이 혼란스러울 수 있으니 주의해야 합니다. 그리고 토론의 기본 특성상 기존의 관습과 가치관에 반대하고, 새로운 질서를 갈망하는 쪽이 찬성이 되는 것이죠. 예를 들어, 현재 우리나라는 남북으로 분단된 상태입니다. 이런 기존의 상황을 전복하기 위해서는 '남북통일을 해야 한다' 논제를 정하고 찬성측과 반대측을 구분하는 것입니다. 변화에 찬성하는 측과 변화에 반대하는 측이 대립되는 형태로 구성하는 것이 기본입니다. 찬성과 반대가 아니라 입장으로 구분한다면, '게임 중독은 질병인가? 편견인가?'라는 논제에서는 '질병이다' 측과 '편견이다' 측으로 나누어지기도 해요. 주제와 입장이 혼동되지 않도록 주의해야 합니다.

경쟁식 토론의 대표적인 발제법으로 '사실 논제', '가치 논제', '정책 논제'가 있습니다. 사실 논제는 '참이냐 거짓이냐'를 가리는 것입니다. 예를 들어, '독도는 대한민국의 땅이다', '교내 CCTV 설치는 학교폭력

예방에 도움이 된다'의 주제에서는 사실 여부를 가리는 자료를 바탕으로 서로의 오류를 밝히는 방식으로 토론이 진행됩니다. 두 입장이 양립할 수 없기 때문이죠. 이야기를 바탕으로 한다면 '놀부는 범죄자이다'에서 책의 내용을 바탕으로 범죄자인지, 아니면 그냥 욕심이 좀 많은 사람인지 토론해볼 수 있습니다.

　가치 논제는 '바람직하냐, 바람직하지 않으냐'를 가리는 것입니다. 예를 들어, '청소년의 이성교제는 바람직하다', '조기유학은 교육적으로 바람직하다'의 주제에서는 서로 다른 가치관을 가질 수 있는 내용을 바탕으로 서로 설득하는 형식으로 토론이 진행됩니다. 개인의 가치관을 넘어 사회적으로 확대해 생각해보는 것이 좋습니다. 이야기를 바탕으로 한다면 '홍부에게 주어진 박씨의 보물은 바람직하다'에서 복권과 같은 보상이 진정 홍부에게 도움이 되는지, 부작용은 없는지 토론해 볼 수 있습니다.

　정책 논제는 '정책을 이행할 것인가, 말 것인가'를 가리는 것입니다. 예를 들어, '고교 학점제를 실시해야 한다', '모병제를 실시해야 한다' 라고 했을 때, 해당 정책이 시행되면 좋은 점과 부작용 등을 면밀하게 밝히는 방식으로 진행됩니다. 구체적인 실행 형태이기 때문에 굉장히 실질적인 근거를 바탕으로 토론이 진행됩니다. 이야기를 바탕으로 한다면 <홍부전>을 읽고 '형제가 균등하게 유산을 나누어 받을 수 있는 상속법을 만들어야 한다'라고 했을 때, 이러한 정책이 시행되면 사회에 이로운 점과 부작용 등을 다양한 예시와 함께 살펴볼 수 있습니다.

독서토론 잘하는 법

독서토론을 잘하고 싶다

독서토론을 잘하고 싶다는 말을 툭 내뱉는 경우가 많습니다. 독서토론을 잘한다는 것은 무엇일까요? 말을 똑부러지게 잘하는 것, 리액션을 통해 대화를 부드럽게 이어주는 것, 책을 읽고 통찰력 있는 해석을 내놓는 것, 눈물을 흘리며 감동하며 소통하는 것 등등 많은 것이 떠오릅니다. 모두 맞는 말이지만 좀더 거시적인 입장에서 바라보면, 의미있게 즐기는 것이 가장 잘하는 것이라고 생각합니다. 앞으로의 지속성과 성장 가능성을 담보하고 있으니까요. 그런 면에서 기본적인 능력과 함께 태도가 큰 비중을 차지합니다. 독서토론을 통해 즐겁고 유익한 경험을 쌓기 위한 바람직한 태도에 대해 살펴보겠습니다.

흥미는 중요하지만, 또 중요하지 않습니다

지정 작품을 가지고 토론을 하는 경우, 그 작품에 대한 흥미는 중요합니다. 하지만 한 작품이 모든 사람에게 흥미를 줄 수 없는 만큼 작품의 매력에만 집착하는 것은 피해야 합니다. 그 작품에 흥미가 없었어도 토론 시간은 의미가 있을 수 있기 때문이죠. 또 독서토론을 통해 얻을 수 있는 기쁨 중 하나가 '새로운 보물'을 발견하는 것인데, 반면 그 기회를 잃을 수도 있습니다.

꾸준히 책을 읽는 성인들도 별점 5개 짜리 책을 만나기 쉽지 않죠. 대부분이 그럭저럭인 책들일 것입니다. 정말 재미있게 읽은 책만으로 독서토론을 한다면, 매우 범위가 좁아질 것이고 대화도 찬양 일색으로 끝날 위험이 있습니다. 대화의 폭이 좁아지는 것이죠.

예를 들어, 〈선녀와 나무꾼〉으로 독서토론을 한다고 했을 때, 작품 자체를 못마땅해 하는 사람들이 있을 것입니다. 지금의 시각에서 보면 불편한 내용들이 많이 있으니까요. 여기서 작품의 내용이 불편했다고 토론에 임하지 않으면 그 감정은 거기서 머무르게 됩니다. 하지만 토론을 통해 이야기를 나누다 보면 그 불편함의 실체를 직면하게 되고, 또다른 담론으로 확장할 수 있습니다. '생각'에 집중하면 많은 것을 얻을 수 있는 기회가 되죠.

주제는 꼭 하나가 아닙니다

작품에는 선명한 주제의식이 드러날 수도 있고 그렇지 않을 수도 있습니다. 특히 문학 작품의 경우에는 선명하지 않은 경우도 많이 있죠. 어찌되었든 작품의 주제로 드러나는 작가의 메시지와 독자가 느끼는 메시지가 꼭 같지는 않습니다. 그런 의미로 독서토론에서는 작품에서 느낄 수 있는 다양한 주제와 이야깃거리를 사람들에게 열어 두는 것이 좋습니다. 다루는 비중은 차이가 있을 수 있지만 어떤 목소리도 소외시키지 않도록 노력해야 합니다. 아주 건강한 대화와 설득의 과정은 환영이지만, 내가 느낀 주제를 다른 사람에게 무리하게 강요할 필요는 없습니다. 다양한 사람들이 만나 다양한 시각과 이야기를 공유한다는 점이 가장 큰 매력이니까요. 내가 생각한 주제와 다른 키워드가 토론 때 나온다면, 두 가지 모두 노트에 적으면 됩니다. 대신 글자 크기를 다르게, 강조 표시를 다르게 할 수는 있겠죠.

〈흥부전〉을 읽고 이야기 나눈다고 했을 때, 핵심 주제는 권선징악일 것입니다. 하지만 어떤 학생은 형제와의 관계에 더 공감했을테고, 어떤 학생은 고통받는 제비의 모습에서 눈물을 흘렸을 것입니다. 또 가족끼리 먹은 '놀부 부대찌개'가 떠오를 수도 있겠죠. 단순히 '이해력이 부족하다', '책 다시 읽어야겠다', '난독이다'라고 접근할 것이 아니라, "왜 거기에 꽂혔을까? 왜 그것이 기억에 남았을까? 무엇이 인상 깊었을까?"라는 질문과 함께 개별적인 독자의 입장에서 생각해 볼 필요가 있습니다.

비문학도 마찬가지입니다. 〈나를 중심으로 미디어 읽기〉(시간여행)를 읽고 내가 미디어 리터러시에 대한 내용이 인상 깊었다고 했을 때, 다른 사람은 미디어 토론, 웹툰과 댓글에 대한 내용이 강하게 남았을 수도 있다는 것입니다. 잘못된 내용이 아니라면 군이 "내 주제가 더 중요하다!"고 외칠 필요 없어요. 이러한 독자 반응이 작품 감상에 중요한 요소이니까요. 모임의 컨셉에 따라 중심을 잡는 것은 중요하지만 개별적인 감상들도 존중되어야 모임이 즐거워집니다.

집착하지 않고 거리를 둡니다

다양한 소재에 대한 이야기를 나누다 보면 개인의 이해관계가 얽힌 경우가 있습니다. 어떠한 입장에 처해있다거나, 어떠한 입장을 지지한다거나. 이럴 때 감정적으로 깊이 반응하다보면 건설적인 토론이 되기 어렵습니다. 실제로 찬반토론 대회에서는 찬성/반대를 토론 전에 무작위로 정하고, 토론 수업에서도 자신의 실제 의견과 반대 입장을 지정하기도 합니다. 이야기 나누는 순간만큼은 개인의 욕심과 집착, 이해관계를 버리고, 열린 자세로 임하는 것이 좋습니다. 그래야 토론 과정과 논증 절차에 집중할 수 있어요. 예를 들어, "수술실 CCTV 설치 의무화 찬성/반대" 토론에서 우리 가족이 의사라고, 가족의 안위를 걱정하여 무조건 반대하면 안 됩니다. 그 정책의 실효성에 대해 고민해야겠죠.

　책에는 다양한 인물이 나옵니다. 그 인물들 속에서 내가 공감하는, 감정이입하는 인물들이 나오기도 하죠. 그렇다고 그 인물과 나를 무조건적으로 동일시할 필요는 없습니다. 가족 문제, 연인 문제, 직업 문제 등으로 이야기를 나눌 때에는 나의 가치관이 그대로 투영되어 예민해지기도 합니다. 그 예민함이 감성을 풍부하게 해준다면 환영이지만, 날선 모습으로 분위기를 해친다면 주의해야 합니다. 정치적인 문제, 종교적인 문제도 마찬가지고 뜨거운 사회 이슈를 다룰 때도 마찬가지죠. 조금은 거리를 두어야 더 건강한 대화가 진행됩니다. 예를 들어, 불륜이란 소재를 다룬 이야기에서 "불륜은 무조건 나빠! 절대 용서할 수 없어!"라고 확고히 생각해버리면 그 작품의 문학성, 인물의 감정선, 사회적 맥락 등을 놓치기 쉽습니다. 옹호할 수는 없지만 살짝 거리를 두고 "왜 그런 행동을 했을까? 어떤 과정으로 진행되었나? 결과는 어떻게 되었나?" 등의 의문을 던져보는 것이 작품을 깊이 있게 이해하는데 도움이 됩니다.

의도적으로 경청합니다

　독서토론은 기본적으로 말하기와 듣기가 반복되는 행위입니다.

독서에도 교육이 필요하다면

다들 '경청'이란 말이 익숙하긴 하지만 실행하기는 쉽지 않습니다. 말을 하다 보면 나도 모르게 너무 길어지기도 하고, 흥분해서 상대방의 말을 끊고 끼어들기도 하고, 대화의 맥락을 고려하지 않고 말을 내뱉기도 합니다. 추임새와 가로채기의 경계를 오고 가기도 합니다. 리액션을 해주려고 하다가, 이야기 소재와 발언권을 빼앗아 버리기도 하죠. 그럴 때는 말하던 사람이 매듭을 지을 수 있도록 사회자가 다시 기회를 주는 것이 좋습니다. 한번 기분이 상하면 다음 발언과 지속적인 참여에 부정적인 영향을 미칠 수도 있으니까요. 그만큼 대화의 매너는 중요합니다.

자연스럽게 질서가 유지되는 것이 가장 좋지만, 학생들이 너무 산만할 때는 적당히 통제하는 것이 매끄러운 진행에 도움이 됩니다. 시계방향으로 번갈아 말하도록 하거나, 토크스틱으로 발언권을 지정하기도 하는 것이죠. 자유롭게 이야기를 나눌 때에도, 상대방이 말하고 나서 5초 뒤에 말을 하자는 식의 규칙을 만들어 지키는 것도 방법입니다. 발표 때 손을 들고 발표하는 습관을 만드는 것과 같은 맥락이죠. 이런 의식적인 노력이 없으면 정말 힘든 것이 '경청'입니다.

겉으로 드러나지는 않지만, 속으로 다른 생각을 하는 경우도 많죠. 내가 말할 것을 준비하고 있을 때, 상대방의 이야기는 잘 들리지 않습니다. 예를 들어, 돌아가면서 자기소개나 발표를 한다고 했을 때, 나의 순서가 오기 전까지는 계속 나의 발표를 준비하느라 상대방의 이야기에 집중하지 못하곤 합니다. 겉으로 드러나는 노매너는 주의라도 주지, 속으로 딴생각하는 것은 본인밖에 모릅니다. 그래서 '의도적인' 노력이 필요합니다. 눈을 마주친다거나, 고개를 끄덕인다거나, 메모를 한다거나, 하는 행동들로 스스로를 다잡는 것이죠. 어색하지만 노력이 필요한 부분입니다.

설득당해도 괜찮습니다

가끔씩 설득당하는 것을 굴욕적이라고 생각하는 분들을 만납니다. 찬반토론 대회가 아닌 이상, 처음 A라고 말했다고 끝까지 A라는 논조를 유지할 필요는 없습니다. 충분히 중간에 생각이 바뀔 수 있고, 새로운 매력을 찾을 수 있습니다. 하지만 일관성에 대한 압박 때문인지, 입장이 엇갈리면 억지 근거를 내세우며 설득을 당하지 않으려고 노력하기도 합니다. A라는 생각을 가지고 왔다가 B가되긴 힘들어도 AB정도의 생각을 가지면 좋겠습니다. 이게 욕심이라면 B라는 존재가 있다는 것만이라도 알고 갔으면 합니다. 토론을통해 서로 다른 사람들이 만나 생각의 유연성을 기른다는 점에서는 설득당할 줄 아는 것이 더 긍정적이라고 할 수도 있습니다.

정말 끔찍했던 것은 강연이 아니었다. 토론은 더욱 이해
할 수 없었다. 미사여구를 동원한 영국식 공손함이라는

어두운 납 틀에 담긴 채 사람들의 말은
완벽하게 서로 비껴 지나갔다.
알아들었다는 듯이 서로 대답하며 쉴 새 없이 말을 했다.
그러나 다른 사람이 한 말을 알아듣고 조금이라도
생각을 바꾼 징후를 보인 토론자는 아무도 없었다.

- 〈리스본행 야간열차〉(파스칼 메르시어) 中 -

"설득당할 준비가 되어 있는 사람과 토론하라."라는 말이 있습니다. 설득당할 준비가 되어 있지 않은 상태에서 귀를 닫고 이야기를 들으려 하지 않는다면 토론할 이유가 없다는 의미죠. 이런 상황에서의 '이기기 위한' 토론은 서로 말꼬리잡기, 약점잡기에 그칠 수밖에 없습니다. 바람직한 독서토론에서는 설득의 여지를 남겨두고 유연하게 상대방의 입장을 바라보아야 합니다.

베스트셀러인 〈82년생 김지영〉(민음사)으로 강의 및 독서모임을 많이 했습니다. 사회적 이슈인 '페미니즘'에 대한 생각을 나누는 자리가 워낙 활성화되던 시기이니까요. 예민하고 어려운 주제일 수 있지만 이런 책을 읽고 이야기 나누는 것은 낯선 자극을 수용하는데 큰 도움이 됩니다. 정답을 찾고 옳고 그름을 가리는 것이 아니라 읽고 나누는 과정을 들여다보는 것이죠. 무조건적인 옹호와 비판은 우리가 세상을 살아가는데 큰 도움이 되지 않습니다. 결국 함께 살아가는 세상이기에 이해하기 위한 노력과 존중이 필요합니다. 작가에게나 다른 참가자에게나, 설득당해도 괜찮습니다.

차곡차곡 정리합니다

녹음을 하지 않는 이상, 말로 주고받은 것은 쉽게 날아갑니다. 그래서 그때그때 정리하는 것이 좋습니다. 외국에서 하는 토론 수업 때 토론 만큼이나 중요한 것이 토론 이후에 적는 에세이입니다. 나눈 이야기를 바탕으로 자신의 생각을 다시금 정리해보는 것이죠. 우리가 책을 읽은 시기에 따라 감상이 다르다는 이야기를 많이 합니다. 마찬가지로 같은 책도 시기에 따라, 모인 사람들에 따라 이야기가 달라집니다. 그리고 그것을 비교할 수 있는 것이 바로 '후기'입니다. 기록이 되어 있어야 그 변화를 명확하게 인지할 수 있어요. 저는 한 책으로 5번 이상 독서토론 모임을 진행·참여하기도 했는데, 이전 후기를 참고하며, 다음 모임을 준비하기도 했었습니다. 후기만 봐도 어떤 이야기가 오고갔는지 자동 음성지원 되기도 했어요.

〈SNS를 활용한 성인 북클럽 운영 사례〉라는 석사학위 논문을 작성할 때는, 허락 하에 모임 내용을 녹음하기도 했어요. 그리고 나중에 다시 들으면서 대화 내용을 일부 옮겨 적기도 했지요. 머릿속에 기억하는 내용과 녹음된 내용이 달라서 놀랐던 적도 많고, 허접한 진행에 반성하기도 했어요. 그런 자기성찰의 경험을 하는데 후기는 큰 도움이 됩니다.

따로 기록하는 것이 쉽지 않은 경우 간단히 사진이라도 남기는 것이 좋습니다. 음식 먹기 전에 인증샷 찍듯이, 사람들과 사진이라도 찍는 것이죠. 저는 후기에 참가자 이름을 적을 때, 사람의 위치를 참고하여 적습니다. 저를 중심으로 오른쪽 순서로 적는 식이죠. 그러면 사진의 인물과 이름을 연결하기 쉽습니다. 시간이 지나고 그 사진만 보아도 그 당시 사람들과 주고받았던 이야기, 그 분위기가 새록새록 떠오릅니다. 그런 자료들이 하나하나 쌓여 내공이 형성됩니다.

4장

글쓰기,
읽은 것을 표현하기

01
워밍업 글쓰기, 어떻게 친해질까요?

한 줄부터 시작! 부분을 탄탄하게 연결하는 글쓰기

아이들과 독서수업을 하게 되는 경우 부모님들의 고민은 크게 몇 가지 유형으로 나눌 수 있습니다. "어릴 적부터 책 읽기 위한 좋은 환경을 마련해주었음에도 불구하고 책을 읽지 않아요.", "책을 읽기는 읽는데 대충 읽어 핵심을 잘 파악하지 못해요", "독서를 즐기는 편이지만 글을 쓰는 실력이 부족해요." 등등의 걱정이시죠. 아이를 키우는 부모님들이시라면 누구나 할 수 있을법한 고민입니다.

물론 책을 읽지 않고도 글을 잘 쓰는 아이들이 있습니다. 효율적인 책 읽기를 가능하게 하는 주요 기제 중 하나가 이해력이라고 한다면 글쓰기의 경우 기본적으로 문장을 다룰 수 있는 능력과 더불어 강하게 작용하는 기제가 바로 논리력이기 때문이죠.

'우리 아이는 글 쓰는 것을 너무 힘들어해요.'라고 말씀하시는 경우 저는 '저 역시 글쓰기는 쉬운 영역의 일이 아닙니다.'라는 답으로 상담을 시작하게 됩니다. 여러분은 어떠신가요? 사실 글을 쓴다는 것은 논리력을 기반으로 한 종합적 사고능력이 작용해야 하는 영역이기 때문에 어른들에게도 쉬운 활동이 아니죠. 또 종합적인 글쓰기를 어려워하지만 문장 표현이 훌륭한 경우가 있고, 소설류의 이야기를 마음껏 창작하는 것에 능숙하지만 요약하는 것을 힘들어하는 경우도 있습니다. 또한 비문학 텍스트의 핵심을 파악하고 정확히 요약하는 것은 잘하지만 문학적인 창작 활동에 힘겨워하는 경우도 있고요. 즉 글쓰기 지도에 있어서 중요한 것은 함께 책을 읽으며 수업에 참여하는 대상 한 명 한 명의 개인차를 존중해 줄 수 있는 태도이고, 그 개인차를 발견할 수 있는 시선이라고 생각해요.

그럼에도 불구하고 수업 중에 보편적으로 다룰 수 있는 글쓰기의 방법은 존재하겠죠? 그 중 하나가 바로 '머뭇거림' 없이 한 줄을 써 나갈 수 있도록 이끌어 주는 것입니다. 개인차를 가지고 있으나 누구나 한 줄을 완성하게 되면 한 편의 글을 완성해낼 수 있기 때문이죠.

유명한 작가이자 대학생들과 글로 소통하는 한 선생님의 경험담이 생각납니다. '나는 용서한다'라는 문장, 우리의 삶과 분리되지 않은 주제의 문장을 제시하며 글쓰기를 시작하였더니 학생들 모두가 진정성 있는 한 편의 글을 멋지게 완성하더라는 것이죠. 한 줄 시작이 어려운 만큼 첫 문장을 제시해주었을 뿐인데 학생들은 '용서한다'라는 문장을 쓰고 많은 생각에 잠겨 용서할 대상과 사건들을 기억해냈으며 때론 그 기억에 너무도 몰입하여 글 쓰던 중 눈물을 흘리더라는 이야기를 들으며 저 역시 글쓰기를 시작할 수 있도록 마음의 문을 열어주는 전략들을 고민하게 되었습니다.

한 줄의 문장을 제시하는 것과 함께 워밍업을 위해 추천하는 활동 중 하나가 바로 문장 완성하기입니다. 문장 완성하기는 심리검사에서 내담자를 이해하기 위한 간단한 도구로도 많이 활용되고 있어요. 이는 한 편의 글이 아닌, 한 사람의 간단한 단어 표현 등을 통해서도 그 사람의 마음을 연결해 볼 수 있을 정도로 어휘는 누군가가 품고 있는 또 하나의 세상일 수 있다는 것을 말해줍니다. 예를 들어 아래와 같은 간단한 문장들을 한 번 완성해볼까요?

- 오늘 아침 나는 (   ) 하며 집을 나섰다.
- 나는 (   ) 할 때 가장 행복하다.
- 부모님은 늘 나에게 (   ) 한다.
- 나는 (   ) 하는 순간 화를 참지 못한다.
- 내가 생각하는 좋은 친구란 (   ) 이다.

예를 들 수 있는 문장이 무한정이므로 간단한 다섯 개의 문장을 완성해보겠습니다. 간단한 문장이지만 완성한 문장을 바탕으로 대화를 시작할 경우 상대를 이해할 수 있는 제법 진지한 이야기들이 오고가는 것을 경험하게 됩니다.

책 속의 문장 구조를 미리 파악하여, 책 속에 제시된 10개 정도의 문장들을 빈 칸과 함께 제시한다면 이는 흥미를 유발할 수 있는 글쓰기가 될 수 있을 것입니다. 또 책을 읽고 난 후 같은 문장들을 제시하게 된다면 이는 독서 중 익힌 어휘를 점검해 보는 글쓰기가 될 수 있습니다.

문장 완성하기로 기본적인 글쓰기에 대한 워밍업을 할 수도 있으며 저학년 학생들에게는 문장의 구조를 파악하며 탄탄한 문장 만들기를 다지는 전략으로도 활용이 가능합니다. 그리고 조금 더 성취의 단계를 높여본다면 스스로 하나의 문장을 완성해보는 것이죠.

글 쓰는 비법들을 설명할 때 '일단 한 줄을 쓰는 것이 중요하다'라는 표현을 많이 합니다. 무엇이든 일단 한 줄을 써야 전체 글을 완성할 수 있으니 당연할 것 같은 표현을 비법으로 제시하는 데에는 나름의 이유가 있겠죠? 그만큼 일단 한 줄을 쓰는 것이 어렵다는 역설적인 표현이라고 생각해요.

문학 작품 속에서 감동을 주는 문장 또는 신문 사설의 논리적인 문장들을 필사하는 경우, 필사의 목적은 상황에 따라 달라지겠지만 저는 시작하기 어려운 그 한 줄을 완성하기 위하여 문장 필사를 권하기도 합니다. 한 문단의 글을 읽고 핵심문장을 한 줄의 문장으로 요약하기, 한 권의 책을 읽고 그에 대한 느낌을 한 줄의 문장으로 표현하기 등 독서수업 중에 활용되는 글쓰기는 수업 중간중간 생각을 이끌어내기 위한 좋은 전략이 될 수 있습니다.

문장을 완성하고, 스스로 한 줄의 문장을 표현했다면 그 문장을 설명하기 위한 또 다른 문장을 고민하고 연결하며 한 단락의 문단을 완성할 수 있습니다. 이 역시 간단히 예를 들어볼게요. 문장 완성하기 또는 한 줄의 문장 표현하기가 심리검사에서 종종 활용되는 것과 같은 맥락에서 그 팁을 〈주제통각검사〉라고 하는 심리학에 기반한 방법에서 찾아보도록 하겠습니다.

주제통각검사는 다양하게 해석할 수 있는, 즉 애매모호한 상황을 제시하는 듯 보이는 그림카드를 활용합니다. 이를 해석하는 과정에서 동일시 현상이 나타나기도 하고 개인이 가진 가치관 및 성격 특질 등을 파악할 수 있다는 점에서 내담자의 마음을 열기 위해 적합한 자료라고 할 수 있어요.

여러분은 아래의 그림을 보며 어떤 이야기를 상상할 수 있나요? 아마도 현재의 삶의 자리가 어딘가에 따라 또는 삶의 기억이 경험하는 사건들에 따라 다른 이야기가 펼쳐질 수 있겠죠. 주제통각검사에서 활용되는 사진들은 누구에게나 친숙한 장면들을 담고 있으면서 애매모호하게 표현된 것이 특징입니다. 이러한 특징을 가진 것이라면 우리가 가지고 있는 어떤 사진이든 상관없습니다. 글쓰기를 시작할 수 있는 단서를 제공한다는 것이 중요하니까요.

독서활동 후 한 편의 글을 완성하기 위해 이처럼 그림 또는 사진 이미지를 표현하는 것은 글쓰기에 대한 넛지효과를 기대할 수 있습니다. 흔히 사용하는 방법 중 네컷 완성하기라는 활동이 있는데 이

러한 활동 역시 책의 내용을 종합적으로 요약하기 위한 방법이기도 하지만 책의 내용을 스스로 표현해 볼 수 있도록 하는 글쓰기 전략이 될 수 있습니다.

　네 컷을 아이들이 선정하기 어려워하는 경우나 보다 글쓰기 활동에 초점을 맞추고 싶은 경우에는 좀더 친절하게 접근할 수 있어요. 교사가 네 컷의 이미지를 먼저 제시하고, 학생들이 스스로 순서를 정해 그 순서를 뒷받침할 수 있을 만한 문장들을 완성해 볼 수 있도록 제안하는 것도 좋은 방법이 될 수 있죠. 한번 경험해 볼까요?

네컷 완성하기

1. 사진을 보며 내용을 상상합니다.
2. 상상한 내용을 바탕으로 사진의 제시 순서를 정합니다.
3. 각 순서에 따라 상황을 설명하는 핵심 문장과 뒷받침 문장들을 제시합니다.

잠시 고민을 해보셨나요? 개인 활동으로 시작하지 않고 모둠활동으로 제안할 경우 그 내용은 훨씬 풍성해집니다. 처음 시작한 문장이 스스로의 기준에 의해 논리적인 의미 구성을 해 나가게 되는 것을 경험하게 된다면 학생들의 몰입도는 훨씬 높아질 수 있죠. 물론 이야기를 만드는 것에 정답은 없으며 이때 중요한 것은 논리력을 바탕으로 문장과 문단들을 잘 연결하는 것입니다.

생각을 종합하고, 창조하는 전체 글쓰기

앞서 소개한 다른 활동들과 달리 전체 글쓰기는 '전략'이라는 표현을 사용하지 않았습니다. 사실 글쓰기는 삶이다, 라고 이야기 할 정도로 글을 쓴다는 것은 우리 삶과 밀착해 있기 때문이지요.

그러나 지금 이 글에서 이야기하는 글쓰기는, 전략으로 활용할 수 있는 글쓰기를 의미합니다. 독서를 시작하기 전 책의 제목만 제시한 후 내 삶 속에서 떠올릴 수 있는 내용들을 미리 연결하도록 안내해 줄 수 있겠죠?

그림책으로 예를 들어볼게요. 앤서니브라운의 〈돼지책〉(웅진주니어)이라는 그림책을 보면서 제목을 단서로 준 후 글쓰기를 위해 잠시 대화를 나누다보면 평소 자신이 가지고 있던 '돼지'라는 이미지와 '책'이라는 이미지가 잘 연결되지 않는다는, 예리한 의견을 제시하는 경우가 있어요. 누군가 이러한 아이디어를 제공하면 학생들의 독서 전 글쓰기를 전체 활동으로 유도할 수 있습니다.

독서활동 중 글쓰기를 독후활동으로 한정하여 생각하는 경우가 있지만 제대로 된 글쓰기는 깊은 사고를 바탕으로 이끌어낼 수 있는 활동이기 때문에 독서 전 생각을 자극할 수 있는 좋은 방법 중 하나이기도 합니다.

같은 책으로 독서 중 활용할 수 있는 글쓰기에는 어떤 것이 있을까요? 집단 활동으로 확장할 경우 한정된 그림책의 상황을 바탕으로 연극의 대본을 작성해 보거나, 아빠와 엄마의 입장으로 나누어 독백 상황을 글로 제시해 볼 수도 있습니다. 활용할 수 있는 수업 시간이 여유롭다면 이러한 활동을 바탕으로 실제 연극을 재연해 보는 것도 참여도를 높이기 위한 좋은 방법이 될 수 있겠죠?

독후활동의 글쓰기로는 대표적으로 독서감상문과 서평이 있습니다. 하지만 '독서감상문 쓰기가 오히려 학생들을 글쓰기로부터 멀어지게 한다.'는 의미의 이야기들을 종종 듣게 됩니다. 즉 책을 읽고 독서기록장을 작성하게 하거나 서평을 작성하는 것은 글 전체의 내용을 종합할 수 있어야 하는 활동이기 때문에 자칫 참여자들에게 글쓰기에 대한 부정적 정서를 경험하도록 합니다. 글쓰기가 부담스러워, 책을 읽을 수 없도록 만드는 경우라고 할 수 있겠죠.

비고츠키Vygotsky는 인지 발달에 있어서 사회적 상호작용을 강조하였는데, 이때 사용한 중요한 개념 중 하나가 비계설정Scaffolding입니다. 학습자가 과제를 수행하기 위해 교수자 또는 숙련자가 어느 정도의 도움을 줄 수 있을 것인지 그 선을 정하는 것이 바로 비계 설정이라면, 글쓰기에 있어서도 이러한 단계적 접근은 매우 중요합니다.

단숨에 종합적인 글쓰기를 써보자고 한다던가, 글쓰기에 익숙하지 않은 참여자에게 명확한 문장 또는 기준을 제시하여 단계별로 성취하며 알아가는 기쁨을 제공해 줄 수 있어야 하는 것이죠. 그래서 독후활동으로 독후감 쓰기 또는 서평 쓰기를 하기 전에 다양한 단계적 성취감을 이룰 수 있는 과제를 제시하는 것이 좋습니다.

많이 활용하는 대표적인 방법이 책의 내용을 바탕으로 이후의 이야기를 상상하여 쓰는 활동입니다. 〈돼지책〉의 경우 마지막 장면에서 차수리공으로 변신한 엄마의 모습을 제시하며 열린 결말을 제시합니다. 어린 독자부터 성인의 독자에 이르기까지 열린 결말을 완성해 보는 활동을 통해 스스로의 의미지도를 확장시켜 나갈 수 있어요. 책의 중심 내용을 기본적으로 활용하되 이후 이어지는 내용은 말 그대로 '상상하여' 작성하는 활동이기 때문에 정답이 없습니다. 이러한 조건은 참여자의 사고를 훨씬 더 자유롭게 자극할 수 있습니다.

더불어 또 하나, 독서교육의 현장에서 추천할 수 있는 것은 '연재소설 글쓰기'입니다. 〈돼지책〉에 적용해 보자면 그림책에 제시된 내용을 연재소설 2로 가정하고 2의 내용을 바탕으로 연재소설 3의 내용과 연재소설 1의 내용을 완성해 보는 것입니다. 이러한 글쓰기를 통해 인과관계에 대한 논리적 구조를 경험해 볼 수 있게 됩니다. 실제 연재동화 또는 연재소설을 활용해 내용을 보완하는 것도 좋습니다.

특히 청소년 또는 초등학생들의 경우 잡지 형태의 도서들도 유용한 텍스트의 확장이 될 수 있어요. 그때 연재되는 동화들을 꼼꼼하게 보며 앞뒤 내용을 연결해 보는 과정에서 작가의 문체에 주목하며 표현법까지 함께 고민하게 되고, 내용의 개연성도 따질 수 있습니다. 글쓰기에 대한 부담 없이 참여를 이끌어 낼 수 있는 아주 좋은 방법입니다.

02

독서감상문, 무엇을 느꼈나요?

독서감상문의 개념, 독후활동의 꽃

독서감상문은 말 그대로 책을 읽는 동안 얻은 감동과 깨달음 등
의 주관적 감상을 자유롭게 쓰는 글입니다. 독후감이라고 줄여서
많이 부르며, 대표적인 독후활동 중 하나로 꼽힙니다. 책을 읽는다
는 행위는 개인적이고 내적인 행위이기 때문에 증명하기가 쉽지 않
죠. 진짜 읽은 것인지, 읽은 척을 하는 것인지 구분하는 과정에서
'독서감상문'을 거의 의무화하던 때도 있었습니다. 책을 읽고 독서감
상문을 남겨야, 책을 읽은 것으로 인정되는 것이죠. 그래서 이 독서
감상문이 부담스러워 책을 멀리한다는 아이들이 있었고, 최근에는
독서감상문 활동을 줄이는 움직임도 보입니다. 독서의 즐거움을 빼
앗을 수 있기 때문이죠. 책만 읽어도 감지덕지인 시대니까요.

독자들이 이렇게 부담스러워하는데도, 독서감상문이 중요하게 여겨졌던 것은 '쓰기'와의 연관성 때문입니다. '읽기'를 바탕으로 '쓰기' 활동을 하기 때문에, 두 영역 사이에 매끄러운 연결고리 역할을 할 수 있어요. 글의 소재로서 감상을 꺼내고 조직하며 읽기 능력 향상을 돕고, 글로 나타내면서 표현 능력도 향상됩니다. 일석이조의 독서활동이라고 할 수 있죠.

예를 들어서 〈홍길동전〉의 독서감상문을 쓴다고 생각해볼게요. 우선 〈홍길동전〉을 읽어야죠. 재미있게 읽었을 수도 있고, 재미없게 읽었을 수도 있지만 어찌되었건 읽기의 행위가 이루어집니다. 그리고 이를 바탕으로 무엇이든 남겨야 합니다. 그러한 의무감 속에서 목표의식을 갖고 '쓸 거리'를 찾게 되죠. 그리고 이 '쓸 거리'는 결국 '읽기'의 과정을 되짚어보는 시간 속에서 발견하게 됩니다. 그때 느꼈던 생각, 감정, 재미 등을 자유롭게 떠올려요. 그냥 단순한 액션 만화 같았던 작품도 다시 요리조리 보게 됩니다. 그리고 서서히 작품의 새로운 매력을 알아갑니다. 이 알게 된 매력을 다시 글로 표현하다 보면 '쓰기' 능력이 길러집니다. 나의 생각과 느낌을 책과의 맥락 속에서 효과적으로 전달해야 하니까요. 그리고 글로 정리해가는 과정 속에서 감상을 더욱 깊이 있게 들여다볼 수 있습니다. 막연했던 생각이 글로 구체화되며 정리되기도 하죠. 이런 과정 속에서 책은 독자의 마음 속에 더욱 선명하게 남습니다.

참 의미 있는 활동이죠. 그래서 독서와 연계되어 강조된 활동이었지만, 결국 실행되지 않으면 가치를 잃게 됩니다. 글쓰기에 대해서 부담감을 느끼는 사람들이 많기 때문에, 중요한 것을 알면서도 기피 대상이 되었습니다. 지속적인 독서율 하락으로 "제발, 그냥 읽기만이라도 해다오."와 같은 지금의 저자세에서, 재미있고 쉬운 독후활동들에게 그 자리를 내어주고 있습니다. '독서'의 앞길을 막으면 안 되니까요. 독서를 안 하면 독서감상문도 존재할 수 없죠.

혹자는 글쓰기에 부담이 적다 해도 '독서'를 바탕으로 하는 글쓰기에 거리감을 느끼기도 합니다. 자유로운 글을 쓰고 싶은데, '독서'란 울타리를 갑갑하게 여기기도 하는 것이죠. 두 마리 토끼를 잡으려다 둘 다 놓칠 수도 있는 상황입니다. 그래서 독서감상문 활동을 할 때는, 학생들의 정서적 반응에 대해서도 신경쓰며 단계적으로 접근할 필요가 있습니다.

독서감상문 쓰는 법, 마음껏 느끼기

우리에게 익숙한 독서감상문 쓰는 방법은 1. 제목 2. 읽게 된 동기 3. 줄거리 4. 감상입니다. 교과서에서 배운 방식이죠. 편지글이나 판결문, 서론-본론-결론 등의 형식을 활용하기도 하지만, 우선 기본 형식을 중심으로 알아보겠습니다.

첫 번째, 제목은 의미를 담아 센스 있게 짓도록 합니다. 단순하게

< ~을 읽고>라고 하기보다 나의 글을 나타낼 수 있는 새로운 제목을 짓습니다. 글에 대한 호기심을 유발할 수 있는 매력적인 제목을 고민합니다. 그렇다고 나의 글과 전혀 관련이 없으면 안 되겠죠.

두 번째, 읽게 된 동기가 아니더라도, 가볍고 흥미로운 에피소드를 담습니다. 독서감상문 관련 네이버 지식인 질문 중에서 "선생님이 읽으라고 해서 읽었는데, 읽게 된 동기에 뭐라고 써야 하나요?"라는 글을 보고 혼자 웃었던 적이 있습니다. 저도 그런 생각을 한적이 있으니까요. 정말 의미 있는 사람이 추천해주거나, 다른 책에 소개가 되었다거나 하는 사연이 있으면 좋지만, 없는 경우도 많죠. 제목과 표지에 대한 이야기나, 관련된 사회적 이슈, 책과 관련된 다양한 이야깃거리들도 괜찮습니다.

세 번째, 줄거리는 깔끔하게, 과하지 않게 요약 정리합니다. 실제로 학생들 독서감상문을 보다 보면 줄거리가 글의 70% 이상 되는 경우가 많습니다. 구구절절 책의 내용을 옮기다 보면 분량이 채워지고, 스스로 만족한 상태에서 글을 마무리하는 것이죠. 하지만 그렇게 줄거리에 매몰되다 보면 특색 없는 글이 되기 쉽습니다. 그렇다고 줄거리가 너무 짧고 단순하면, 이어지는 감상과 연결이 되지 않아 글의 완결성이 떨어질 수 있습니다. 줄거리를 잘 정리하는 것도 중요한 능력이기 때문에, 요약하는 연습이 필요합니다.

네 번째, 책의 내용과 나의 인생을 절묘하게 연결합니다. 독서감상문은 말 그대로 독자의 '감상'이 꽃이라고 할 수 있습니다. 이 감상은 책에서 시작되어 독자의 경험을 자극하고 인생이라는 큰 바다로 뻗어나갑니다. 시작점을 잘 잡으려면 책을 읽으면서 수시로 밑줄을 긋고 메모를 하는 것이 좋습니다. 그리고 나의 경험과 배경지식을 활용하여 논의를 확장하여 전개합니다. 앞에서 줄거리가 책의 내용을 이해하는 것이었다면, 여기선 선택할 수 있습니다. 책의 메시지를 수용할 수도 있고, 비판할 수도 있는 것이죠. 중심이 책에서 독자로 옮겨집니다. 그렇다고 책의 맥락을 놓치면 감상이 삼천포로 빠지고, 단순 에세이처럼 흘러갈 수도 있으니 그 경계를 잘 지켜야 합니다.

독서감상문 첨삭 및 평가하기

독서지도를 하다가 보면 학생들의 글을 읽고 첨삭하거나 평가해야 할 상황이 옵니다. 감상문과 같이 개인의 경험이 들어간 글은 더욱 평가하기 까다로울 수 있어요. 그렇다고 단순 글쓰기 능력만으로 판단하는 것도 독서감상문의 취지와 잘 맞지 않습니다. 그러므로 평가 요소들을 내용 영역, 구조 영역, 표현 영역으로 나누어 체계적으로 살펴보겠습니다.

내용 영역에서는 첫째, 책의 내용을 잘 이해했는지, 적절하게 담았는지 확인합니다. 책의 내용을 잘못 이해하면, 이어진 감상도 함께 삐그덕하게 됩니다. 그래서 글에 작품의 상황과 핵심 메시지가 적절히 담겨 있는지 확인합니다. 예를 들어, 〈흥부전〉을 읽고 독서 감상문을 쓴다면 권선징악과 형제간 우애에 대한 메시지를 이해하고 글에 담아야 합니다. 물론 주제가 다양하게 해석되는 작품들도 있겠지만, 올바른 이해를 위한 탐구와 노력이 필요합니다. 비중의 차이나 공감의 여부는 나뉠 수 있지만, 완전히 놓친다면 내용 이해 부족이라고 할 수 있습니다.

둘째, 이해한 내용이 독자의 감상과 유기적으로 연결되었는지 확인합니다. 너무 작위적이지 않고, 너무 동떨어지지 않게 연결고리를 살피는 것이죠. 예를 들어, 〈흥부전〉을 읽고, 자신의 나쁜 행동이나 형제관계를 떠올린다면 유기적인 연결이라고 할 수 있죠. 뜬금없이 사랑 이야기로 빠진다면 개연성을 점검해봐야 합니다.

셋째, 독자의 생각과 느낌이 선명하게 드러나야 합니다. 결국 중요한 것은 독자의 감상이기 때문에 매력적인 생각을 전개해 나가야 해요. 예를 들어, 〈흥부전〉에서 권선징악과 형제간 우애란 메시지를 느꼈지만, 동의하지 않고 흥부의 태도를 비판하는 글을 쓸 수도 있습니다. 또 동의한다고 하더라도, 단순히 '착하게 살자'를 넘어 직간접적인 경험을 섞어 생동감 있게 표현할 수 있죠. 독서감상문 대회로 생각하면 안정적이고 조금은 뻔한 내용보다 독창적인 생각과 감상에 더 가산점을 주기도 합니다. 수많은 글들을 접하다보면 그런 글이 더 신선하고 매력적으로 와닿기도 하죠. 오디션 프로그램을 떠올리면 이해하기 쉬울 거예요. 새로운 매력의 참가자들이 화제의 인물이 되는 것과 비슷합니다.

구조 영역에서는 첫째, 글머리, 줄거리, 감상의 비율이 적절한지 확인합니다. 글머리가 너무 길면 도입을 방해하게 되고, 줄거리가 과하면 책 요약집으로 느껴집니다. 또 줄거리가 너무 생략되면 책과 감상의 연결고리를 놓치게 되죠. 초등학생의 경우 책의 내용에 대한 이해도 체크가 중요하기 때문에 1:2:2의 비율이 적당하지만 학년이 올라갈수록 내용 이해를 기본으로 생각의 확장을 중요시하기 때문에, 감상의 비율을 늘려가야 합니다.

둘째, 내용이 짜임새 있게 조직되었는지 확인합니다. 짜임새는 논리적이고 합리적인 글의 구조라고 할 수 있어요. 가장 쉽게 '원인과 결과', '주장과 근거'와 같은 맥락으로 이해할 수 있습니다. 〈흥부전〉을 읽고 "착하게 살아야겠다"라는 생각을 했을 때, 이러한 생각을 하게 된 맥락이 앞에 담겨 있고, "동생과 사이좋게 지내자"라고 했을 때, 그 말에 대한 근거가 담겨 있으면 짜임새 있는 글이 됩니다. 이런 맥락과 근거가 없다면 "갑자기 왜 이러는 거야?"라는 생각과 함께 뜬금 없게 느껴지게 되죠.

셋째, 글이 통일성 있게 응집되었는지 확인합니다. 독서감상문도 한 편의 완결성 있는 글이므로 주제를 담고 있다고 할 수 있죠. 그 안에서 오락가락하지 않고, 방향을 잘 잡는 것이 중요합니다. 〈흥부전〉을 읽고 동생 흥부가 불쌍하다, 형 놀부가 나쁘다는 감상과 함께, 자신의 동생을 흉보며 잘해줄 필요가 없다고 한다면 글의 통일성은 떨어진다고 할 수 있어요. 물론 솔직한 감상으로서는 가치가 있지만, 글의 구조 영역에서는 감점 요소입니다.

　표현 영역은 주로 맞춤법, 어휘력, 문체와 관련된 내용을 확인하는 것입니다. 저학년일수록 오탈자, 비문 점검이 주 첨삭 대상이 되곤 합니다. 제대로 읽히기만 해도 가산점이 붙죠. 학년이 올라가면 적절한 단어 사용, 매끄러운 문장을 확인하게 되고, 나아가 특색있는 문체를 느끼기도 합니다. 점수 비중은 높지 않지만, 표현 능력이 부족하면 내용 전달도 안 되기 때문에, 저학년일수록 큰 영향을 미칩니다.

서평, 어떤 책인가요?

독서감상문과 서평의 차이

서평은 책의 내용과 특징을 소개하거나 책의 가치를 평가하고자 쓰는 글입니다. 평가의 개념이 들어가기 때문에 좀더 객관적이고 공정하려고 노력하죠. 그래서 독서감상문은 쉽고 가벼운 글, 서평은 어렵고 무거운 글이라고 생각하는 분들도 있고, 서평을 독서감상문 보다 한 단계 더 높은 수준의 글쓰기로 보는 분들도 있습니다. 이는 글의 성격 차이 때문이라고 할 수 있는데요. 우리가 "공과 사를 구분해!"라고 말했을 때, 어느 부분을 더 중요하게 생각하나요? 어떤 상황에서 이런 말이 나오나요? 주로 공적인 일을 하고 있는데, 사적인 관계를 끌어들이면 주의를 주기 위해 사용됩니다. 공적인 것을 사적인 것보다 우선시하곤 하는 문화가 반영되었기 때문입니다. 감상문과 서평도 결국 성격의 차이라고 할 수 있어요. 간단히 비교해서 살펴보겠습니다.

  감상문이 개인의 주관적 감상을 중시하고 사적인 경험을 풍부하게 활용한다면 서평은 공정한 평가를 위한 객관적인 시각 유지를 중시하고, 타당한 근거를 마련하기 위해 노력합니다. 글쓴이의 입장에서 독서감상문을 시작하는 질문은 "나는 무엇을 느꼈나?", 서평을 시작하는 질문은 "이 책은 어떤 책인가?"로 구분할 수 있습니다. 독자의 입장에서는 독서감상문을 읽은 후 그 책을 읽은 독자의 생각과 감상을 느낄 수 있다면, 서평을 읽고 나서는 그 책이 어떤 책인지, 어떤 매력이 있는지에 대해 알 수 있어야 합니다. 서평에 주관적 생각이 들어가지 않는 것은 아니지만, 감상문보다 객관적인 시각을 유지하려고 노력하는 것이죠. 그래서 책의 일부를 직접 발췌하고, 유명한 학자의 말을 인용하고, 사회적 용어를 가져오며, 통계 데이터를 근거로 삼습니다. 그런 과정 속에서 자신의 생각을 좀더 객관적인 입장으로 바라볼 수 있게 되고 이는 논리적인 글쓰기로 이어집니다.
  하지만 책읽기와 글쓰기에 대한 부담이 더욱 가중되기도 합니다. 객관적인 시각을 위한 노력 중에 준비해야 할 것, 거쳐야 할 것이 많아지니까요. 또 그러한 특성에 너무 심취하다보면 개인의 섬세한 감상에 소홀해질 수도 있습니다. 결국 감상문과 서평, 서로 장단점이 있는 글쓰기 형식이지, 한 쪽이 우월하다고 할 수는 없습니다.
  예를 들어 〈흥부전〉을 읽고 "용석아, 미안해!"라는 제목의 독서

감상문을 쓸 수 있습니다. 흥부를 괴롭히는 놀부의 모습을 보고, 동생을 괴롭힌 자신의 모습을 반성하게 되었기 때문이죠. 글에 실제 동생과 있었던 경험을 담으면 진정성 있는 감상문이 완성될 것입니다.

이번엔 〈흥부전〉을 읽고 "과도한 욕심을 막고 싶은 서민들의 열망"이라는 제목의 서평을 쓸 수 있습니다. 이 작품의 인물인 놀부와 흥부의 상징성을 바탕으로 조선 시대 억눌린 서민들의 욕구를 읽어냅니다. 많은 자료와 근거가 필요하겠죠. 그리고 작품의 전통적인 메시지가 현 시대에 갖는 의미를 밝히며 작품의 가치를 평가할 수 있습니다. 같은 작품도 글의 형식에 따라 다르게 표현할 수 있습니다.

서평 쓰는 법, 생각의 출처 찾기

책을 읽고 쓰는 글이라는 입장에서 독서감상문과 비슷한 요소가 많습니다. 나만의 콘텐츠라는 생각으로 새로운 제목을 답니다. 또 글의 흥미를 불러 일으키는 글머리와 책의 내용, 이후의 생각과 감상을 담죠. 하지만 차이점도 있습니다.

서평은 기본적으로 책을 소개하고 알리는 기능을 합니다. 그래서 책을 알리는 다양한 요소를 담고 있고, 이것은 선택적으로 수용 가능합니다. 작가의 삶, 작품의 시대적 배경, 작품성에 대한 논의사항,

수상 내역, 책의 줄거리 등등의 정보들이죠. 작품에 맞게 흥미를 불러 일으킬 수 있는 것들을 활용하는 것입니다.

예를 들어 A란 책이 작가의 자전적인 이야기를 담았다거나, 작가가 대중에게 알려진 사람이라면 작품에 대한 관심을 높일 수 있습니다. 또 큰 대회에서 수상하며 작품성을 인정 받은 작품이라거나, 사회적으로 이슈가 되었던 내용을 다루고 있다면 책을 소개하는데 흥미로운 요소가 되겠죠. 작품에서 다루어지는 시간적/공간적 배경이나 장르적 특징도 마찬가지입니다.

책에 대한 내용을 다루는 것은 글의 성격에 따라 주의할 점이 있습니다. 바로 '스포일러'라고 불리는 중요 줄거리 및 결말 노출 때문이에요. 책을 소개하는 입장에서 너무 자세한 줄거리를 언급하면 오히려 예비 독자의 흥미를 떨어뜨릴 수 있기 때문이죠.

다음 심층적인 기능으로 책의 가치를 평가합니다. 작품의 이해를 돕는 상징에 대한 해석, 사회적인 의미를 담은 메시지, 장점과 단점, 추천 대상 등등의 요소를 담는 것이죠. 이러한 내용을 담을 때도 최대한 객관적이고 타당한 근거를 마련하려고 노력합니다. 소설의 한 인물에 대해 부정적인 평가를 내린다고 했을 때, "그냥 말투가 짜증나고 하는 짓이 밉상이야."라고 표현하는 것과 "이 인물의 대사 'A'와 생각 'B', 그리고 행동 'C'를 보았을 때, 이 인물의 가치관은 사회적 규범에서 벗어났고 누군가에게 피해가 될 수 있다."고 근거와 함께 말하는 것은 차이가 있죠. 내가 생각한 것의 출처를 책에서 찾는 작업입니다.

작품에 직접적으로 드러나지는 않을 수 있지만, 깊이 있는 해석을 통해서 메시지를 찾아내고 그로 인한 사회적 의의도 전할 수 있습니다. 그 해석이 설득력을 갖기 위해서는 작품 내·외적으로 타당한 근거를 형성하도록 구성해야 합니다. 이를 바탕으로 추천 대상도 선정할 수 있어요. 나에게 재미있었다, 별로였다와 같은 주관적 감상을 넘어서, 누군가에게는 이런 의미가 있을 것이고, 누군가에겐 이런 면에서 부적합할 것이라는 거시적 시각으로 바라보는 것입니다.

이렇게 서평에 포함될 수 있는 요소들은 굉장히 많습니다. 이 요소들은 감상문에서 글쓴이의 생각을 뒷받침하는데 사용될 수도 있어요. 그렇다고 이것들을 모두 집어 넣으면 글이 산만해지고 복잡해질 것입니다. 정말 중요한 독자의 '감상' 비율이 줄어들 수도 있죠. 서평에서도 수많은 요소들 중에서 작품과 관련 있는 것을 선별해서 담아야 합니다. 글쓰기의 기본 원칙인 '글감 모으기'와 '내용 조직하기'에서 생각해보면, 이 수많은 요소들로 '글감'을 모으고, 그 중에 작품을 소개하고 평가하는데 효과적인 것을 선별한 뒤 조직화하면 됩니다. 선택과 집중이 중요한 과정이죠.

서평 첨삭 및 평가하기

서평도 마찬가지로 단순 글쓰기 능력보다 책과 연관된 활동 중 하나로서 평가해야 합니다. 그러므로 독서감상문과 같이 평가 요소들도 내용 영역, 구조 영역, 표현 영역으로 나누어 체계적으로 살펴보겠습니다.

내용 영역에서는 첫째, 글에서 다룬 내용이 타당한지 확인합니다. 여기선 책의 내용을 알맞게 이해했는지와 함께 작품 주변 정보에 대한 타당성을 이야기합니다. 예를 들어, 〈흥부전〉은 작가 미상인 작품으로, 오랜시간 구전되어 오며 수많은 판본이 존재합니다. 이러한 점을 놓치고, 〈흥부전〉을 옮긴 작가나 연구자와 혼동하여 글에 담는다면, 잘못된 정보를 담았다고 할 수 있죠. 책을 소개하고 알리는 입장에서 특히 주의해야 할 점입니다.

둘째, 의견 진술이 논리적인지 근거가 정확한지 확인합니다. 글쓴이의 주관적인 생각을 넘어 객관적인 생각으로 이끌기 위한 과정이 탄탄한지 보는 것이죠. 예를 들어, 〈흥부전〉을 읽고 '흥부'가 답답하고 무능력하다고 느낄 수 있습니다. 이러한 생각을 좀더 논리적으로 표현하기 위해서는 A라는 상황에서 흥부가 보인 행동, B라는 상황에서 흥부가 내뱉은 대사 등을 활용하여 증명해야 합니다. 실제로 10가지 상황에서 부지런히 행동했는데, 1가지 상황에서 무기력한 행동을 했고 그것이 '나에게' 깊은 인상을 남긴 것이라면, '답답하고 무능력하다'가 합리적인 인물 평가라고 할 수 없어요. 다른 사람들은 공감하기 힘든 주관적 감상에 그치는 것입니다.

셋째, 보편적이고 공정한 관점인지 확인합니다. 독자의 개인적인 감상도 존중받는 시대지만, 서평의 특성상 조금은 거리를 두고 공적인 시선으로 접근합니다. 예를 들어, 〈흥부전〉의 주제인 권선징악은 현 시대의 보편적인 관점이라고 할 수 있죠. 이러한 가치를 존중하는 맥락으로 글을 쓴다면 안정적일 것입니다. 그렇다고 이것을 무조건 따르라는 이야기는 아닙니다. 내가 '놀부'의 입장을 대변하고 싶다면, 그것을 공적인 관점에서 납득이 갈 수 있도록 타당한 근거를 바탕으로 이끌어야 합니다. 잘 이끈다면 독창적인 글이 되겠죠. 그렇지 못하고 '나랑 닮아서 좋아'와 같은 식이라면 서평으로서의 가치가 떨어집니다.

구조 영역과 표현 영역은 크게 독서감상문과 비슷합니다. 적절한 비율 속에서 글의 짜임새와 주제의 통일성을 확인합니다. 서평에는 다양한 정보들이 혼합될 수 있기 때문에, 유기적으로 연결하는 것이 중요합니다. 그렇지 않으면 나열식, 짜깁기식 글이 될 수 있으니까요. 또 작품에 대한 거리두기를 하는 과정에서 애매모호한 입장을 유지한다면 공정해 보일 수는 있을 것입니다. 하지만 자칫하면 매력 없는 글이 됩니다. 글쓴이의 입장을 확인했다면, 그 입장을 '어떻게' 전달했는지 파악하는 것이 중요합니다.

독서논술, 왜 그렇게 생각하나요?

독서논술의 개념, 설득하는 글쓰기

독서논술 전에 논술의 개념을 먼저 알아보겠습니다. 논술은 어떤 문제에 대하여 자기 생각이나 주장을 타당한 근거를 들어서 논리적으로 적은 글(학습용어 개념사전)이라고 할 수 있는데요. 논술의 목적은 기본적으로 상대방을 '설득'하는 것입니다. 그래서 지식을 전달하거나 감정을 표현하는 글과는 성격이 다르죠. 논술에도 다양한 종류가 있는데 대표적인 몇 가지를 살펴보겠습니다.

우선 찬반토론형 논술입니다. 논제가 어떤 문제에 대해 대립된 견해를 제시한 후 논술자의 견해를 묻는 형태입니다. 논술자는 견해 중 하나를 선택하여 논의를 전개하는 유형으로 찬반토론의 원고와 비슷해요. 예를 들어, 학교 내 스마트폰 사용에 대한 사회적 논의를 담은 텍스트가 제시됩니다. 그리고 논술자는 허용과 제한 중에 하나의 입장을 선택하여 논리적으로 서술하는 것입니다. 애매한 마음이 들더라도 하나의 입장을 지지하며 일관된 논조를 유지하는 것이 중요해요. 그 안에서 설득을 위한 타당한 주장과 근거를 제시해야 하죠.

두 번째는 문제해결형 논술입니다. 문제 상황을 주고 이에 대한 적절한 해결 방안을 묻는 형태로, 적절한 원인 분석과 대책 마련이 중요한 요소입니다. 예를 들어, 학교 폭력 문제에 대한 텍스트와 함께 해결 방안을 제시하라는 논제가 제공됩니다. 논술자는 텍스트를 꼼꼼하게 독해하여 원인을 분석합니다. 배경지식을 활용하는 것은 좋지만 기본적으로 텍스트를 근거로 삼아 논제를 이해해야 합니다. 그리고 실현 가능하고 적절한 해결 방안을 담은 글을 쓰는 것이죠. 이렇게 일반화된 문제일수록 독창적인 해결 방안이 담기면 매력적인 글이 됩니다. 물론 타당한 근거가 바탕이 되어야겠죠.

세 번째는 독해형 논술입니다. 제시된 자료를 보고 요약하거나 공통 주제를 찾거나, 추론을 통하여 문제를 분석하는 형태입니다. 논술자는 독해력을 바탕으로 제시문과의 관계를 파악해야 합니다. 독서논술에서 많이 사용되는 형태라고 할 수 있어요. 예를 들어, 제공된 텍스트를 바탕으로 인물의 성격을 파악하거나 행동에 대한 의견 등을 글로 쓰는 것입니다. 논술의 형태이기 때문에 개인적 감상에 머무르지 않고 그렇게 생각한 근거를 들어야 합니다. 그 근거는

독서에도 교육이 필요하다면

제공된 텍스트를 바탕으로 하는 것이 안정적이에요. 배경지식이 풍부한 것은 도움이 되겠지만, 상식을 물어보는 것이 아니라 독해력을 중시한다는 사실을 놓치면 안 됩니다. 배경지식은 독해를 보완해주는 방식으로 활용되어야 하고 텍스트와 차이가 있다면 텍스트를 우선해야 합니다.

　이러한 다양한 형태의 논술에 '독서'가 붙어 독서논술이 형성됩니다. 이는 논술의 주제나 관련된 텍스트를 '책'에서 가져온다고 생각하면 이해하기 쉽습니다. 책에서 읽은 내용을 바탕으로 생각을 논리적으로 전개해나가는 것이죠. 사회과학, 정치, 철학, 예술, 문학 등등 다양한 영역의 책이 있기 때문에 마음만 먹으면 책에서 지문을 뽑는 것은 그리 어렵지 않습니다. 논술 시험에서는 여러 가지의 지문을 섞어서 사용하기도 하죠. 그래서 독서를 통한 배경지식 쌓기를 강조하기도 합니다. 준비된 배경지식은 물론 좋은 자원이지만, 집중해서 지문을 읽고 이해할 수 있는 능력이 중요합니다. 독서가 바탕이 되어야 논술도 잘 되는 것이죠.

　독서논술은 독후활동 중에서도 고난이도의 글쓰기 활동이라고 할 수 있어요. 그만큼 꼭 챙겨야할 부분들이 있습니다. 하나하나 살펴보겠습니다.

　첫째, 독해력을 기본 바탕으로 합니다. 계속 반복해서 말하고 있는 만큼 중요하다는 의미겠죠. 책이든 주어진 텍스트든 제대로된 독해를 바탕으로 하지 않으면 논제에 맞는, 뚜렷한 목적의 글을 쓰기 힘듭니다. 그래서 체계적인 독서논술은 초등 고학년 이상의 기본 독해력을 갖춘 상태에서 많이 이루어집니다. 더 어린 나이에 진행되는 독서논술은 생각을 정리하는 예비 활동이라고 할 수 있어요. 일기나 자기소개와 같이 자신의 경험, 생각을 편하게 풀어내는 글과는 성격이 다른 점을 분명히 합니다.

둘째, 글쓰기의 과정을 중시합니다. 결과적으로 완성된 글도 중요하지만, 그 글이 나오기까지의 과정, 생각의 흐름이 더 중요합니다. 과정을 점검하지 않으면, 주제에 따라 들쭉날쭉한 논술 결과가 나오기도 해요. 친근한 주제에 대한 배경지식을 바탕으로 전개하는 글은 한계가 있습니다. 논리적인 과정으로 만드는 능력을 길러야 해요. 그래서 첨삭을 할 때도 '개요짜기'부터 시작해서 주장과 근거를 구조화하는 과정을 함께 살피는 것이 좋습니다. 자료 조사를 잘 하는 것도 중요하지만 그것을 유기적으로 연결하며 생각을 짜임새 있게 드러내는 능력도 중요합니다. 그것을 가시적으로 표현하는 훈련도 꾸준히 이끌어주세요.

셋째, 자신의 생각이 들어가야 합니다. 논술은 굉장히 짜임새 있는 글이라 정답이 있는 것으로 오해하는 경우도 있지만 기본적으로 논술에는 정답이 없습니다. 그래서 논술시험에도 답안을 제공하지 않는 경우가 많아요. 예시로 모범 답안만 있을 뿐이죠. 똑같은 주장도 전략에 따라 다르게 논의가 전개되고, 같은 주장에도 다른 근거로 뒷받침할 수 있기 때문입니다. 시기적으로 조금 유리한 입장이 있을 수 있지만, 그것 또한 논리적인 과정이 없으면 더욱 허술해보일 뿐입니다. 결국 나의 입장과 생각을 구조화하고 드러내는 것이 중요합니다.

사실 많은 사람들이 독서논술을 부담스러워합니다. 어려워하죠. 그럼에도 불구하고 독서논술이 중요하다는 목소리는 계속 커지고 있습니다. 독서논술이 중요한 이유는 무엇일까요?

첫째, 독서논술은 논리적·비판적 사고력 향상에 큰 도움이 됩니다. 누군가를 설득하기 위해선 합리적인 주장과 타당한 근거가 필요하기 때문이죠. 근거가 부족하거나 모순적인 주장으로는 상대방을 설득하기 힘듭니다. 그렇게 타당한 근거를 준비하며 글을 쓰는 연습을 하다보면, 다른 상황에서도 '이 내용이 타당한가? 근거는 무엇인가?'라는 물음이 자연스럽게 떠오릅니다. 지금과 같이 인터넷에서 가짜뉴스가 범람하고 있는 시대에 꼭 필요한 능력이라고 할 수 있죠.

둘째, 생각을 구조화하는 능력이 향상됩니다. 특정한 문제에 대해서 한정된 분량 안에 어떤 주장과 근거를 담을 것인지 기획하는 것은 꼭 필요한 과정입니다. 의식의 흐름대로 쓰는 것이 아니라 형식적인 글쓰기이기 때문이죠. 나의 입장에 도움이 되는 모든 주장을 가져올 수 없고, 모든 근거를 담을 수 없습니다. 그래서 글쓰기 전 뼈대와 같은 개요를 짜고 서론·본론·결론의 형식에 맞추어 글로 풀어내는 것이죠. 정보 과부화 시대에 이렇게 목적에 맞게 생각을 구조화하는 능력은 매우 유용합니다.

셋째, 전략적 글쓰기 능력이 향상됩니다. 논술은 설득하는 글쓰기입니다. 누군가를 설득하기 위한 전략을 수립하는 과정에서 효과적인 방법을 고민하게 됩니다. 전략 시뮬레이션 게임과 같아요. 같은 논제, 같은 입장이라도 다양한 전략의 글쓰기가 가능한 이유입니다. 수많은 주장 중에 우선 순위를 정하고, 타당한 근거 중에 가장 효과적이라고 생각되는 것을 선택하며, 매끄럽게 이어지도록 논의를 전개합니다. 이 모든 것을 전략적으로 선택하고 배치하는 능력이 필요하죠. 크게 이러한 3가지 이유만으로도 독서논술은 가치있는 활동이라고 할 수 있습니다.

독서논술 하는 법, 주장과 근거의 연쇄작용

지금까지 독서논술에 대한 지식을 쌓았다면, 본격적으로 글을 쓰는 방법에 대해 알아보겠습니다. 우선 논제와 지시문을 바르게 이해해야 합니다. 첫 단추를 잘못 끼면 줄줄이 틀어지게 되니 잘 챙겨야하죠. 크게 3가지로 나누어 살펴볼 수 있어요.

첫째, 출제 의도를 명확히 파악하는 것이 중요합니다. "이유를 써보세요", "분석하세요", "비교하세요" 등등의 의도에 맞게 글을 전개하지 않으면 동문서답을 할 위험이 있습니다. 시험으로 따지면 '출제자의 의도'라고 할 수 있죠. "A 지문과 B 지문을 활용하여 C 지문을 비판하세요."와 같이 복잡하게 제시되는 경우도 있으니 정신 바짝 차려야 합니다. 아무리 매끄럽게 글을 잘 썼어도, 방향이 잘못되면 좋은 평가를 받을 수 없습니다.

둘째, 의도에 맞는 전략적 읽기를 진행합니다. 책을 이미 읽었다고 생각하고 논제를 제공하기도 하고, 책의 일부를 발췌하여 지시문으로 제공하기도 합니다. 논제를 안 상태에서는 그 목적에 맞게 선택하고 집중하는 것이 좋습니다. 문제해결형 논제라면 지시문을 읽으면서 '문제'에 초점을 맞추어 표시하고, 비교분석형 논제라면 대상의 차이점을 표시하며 읽어야 자연스럽게 정리가 됩니다.

셋째, 전개를 구상하며 읽습니다. 읽는 도중에 밑줄도 긋고 메모도 하면서 어떤 글을 쓸지 함께 구상하면 효율적으로 글을 풀어나갈 수 있습니다. 책을 읽으면서 주장이나 근거가 될 부분을 표시하고 떠오르는 배경지식은 옆에 적는 것이죠. 기호를 함께 적으면 나중에 글을 조직할 때 시간도 많이 단축됩니다.

논제를 이해했으면 이제 글의 방향을 설정해야 합니다. 우선 논술에서는 분명한 입장을 설정하는 것이 앞으로 일관된 논의를 전개하는데 유용합니다. 한정된 분량 안에서 상대방을 설득하기 위해선 일관된 모습을 보여주는 것이 좋습니다. 괜히 양다리 걸쳤다가 자기모순에 빠질 수 있으니까요. 여기서 정하는 입장을 꼭 개인의 가치관에 맞출 필요는 없어요. 우연히 딱 맞다면 좀더 진정성 있는 글이 나올 수 있지만, 일치하지 않더라도 논리적으로 글을 풀어낼 수 있습니다. 실제 논제가 "A의 입장에서 B를 비판하세요."와 같이 나올 수도 있는데, B의 의견에 동조한다고 비판하지 않는다면 논술이 성립하지 않겠죠. 감정보다 논리적 짜임새를 우선하는 것이기 때문에, 전략적인 입장 선택을 하기도 합니다.

다음은 설정한 입장을 전달하는데 효과적인 전략을 거시적으로 구상합니다. 시작부터 꼼꼼하게 계획하면 진도가 안 나가기 때문에, 거시적으로 접근한 후 차근차근 좁혀나가는 것이 좋습니다. 이를 바탕으로 주제문을 작성해 보고, 구체적인 설계도라고 할 수 있는 개요를 작성하는 것이 중요해요. 시간이 아깝게 느껴져 바로 글쓰기로 돌입하기도 하지만, 그럼 중간중간 길을 잃기 쉽습니다. 글의 일관성과 짜임새가 떨어지고 돌이킬 수 없는 길로 빠지기도 합니다. 오히려 주제문과 개요를 명확하게 작성할수록 글쓰기가 수월해집니다. 시간도 단축되고요. 글자는 손으로 쓰지만, 결국 머릿속에서 정리하는 것이 우선이니까요.

이어서 명확한 주장을 내세웁니다. 결국 논술은 논리적으로 주장하여 상대방을 설득하는 글입니다. 앞에서 탄탄한 구조를 갖추었으면, 실질적으로 상대방을 설득할 수 있는 주장을 해야 합니다. A라는 입장에서 유리하게 주장할 수 있는 내용이 10가지라고 했을 때, 10가지를 모두 글에 담을 수는 없습니다. 그럼 오히려 산만해지죠. 그 중에서 핵심 주장을 선정하여 강조하는 것이 좋아요. 예를 들어, 똑같이 남북통일을 찬성하는 글을 쓴다고 하더라도 찬성하는 핵심 이유가 다 다를 것입니다. 경제적 이유, 외교적 이유, 북한 주민의 인권 문제, 한민족 정신 등등. 이 중에서 우선 순위를 정하고 짜임새 있게 구성하는 것이 중요합니다.

　마지막으로 명확한 주장을 뒷받침해줄 타당한 근거를 준비합니다. 수많은 근거 요소 중에서 주장을 가장 돋보이게 할 수 있는 것을 또 선별해야 하죠. 자주 사용되는 형식을 알아보겠습니다. 우선 통계는 가장 많이 사용되는 근거 중 하나인데요. 숫자로 접근하여 좀 더 객관적인 믿음을 줍니다. 하지만 무조건 신뢰할 수는 없죠. 통계 조사 기관, 수치 계산 방법도 확인하는 습관을 들여야 합니다. 다음은 과학적으로 입증된 실험 결과로 ○○연구팀, ○○논문 연구 결과 등등의 출처는 독자에게 신뢰감을 줍니다. 또 전문가의 의견 및 개인의 직접 경험도 상황에 따라 효과적인 근거가 돼요. 하지만 섣부르게 일반화하지 않도록 주의해야 합니다.

독서논술 첨삭 및 평가하기

　다른 사람의 글을 평가하는 것은 어려운 일입니다. 특히 논술은 더욱 그렇습니다. 개인의 감상이나 글쓰기 능력을 넘어 비판적으로 증명해야 될 것이 더 많기 때문이죠. 이러한 부분을 놓치면 단순한 맞춤법 검사에 그치고 맙니다. 키워드 중심으로 논술 평가 영역에 대해 알아보겠습니다.

첫째, 독해력(이해분석력) 영역입니다. 논제 이해와 제시문 이해가 중점적인 평가 기준입니다. 논제도 처음엔 자유롭게 자신이 주장하는 글을 쓰다가, 학년이 올라가면 여러 가지 조건이 덧붙습니다. 예를 들어, "주인공의 입장에서 통일을 찬성하는 글을 쓰시오."라고 했을 때, 자신의 입장 혹은 다른 주변 인물의 입장에서 쓴다거나, 통일을 반대하는 입장의 글을 쓴다는 것은 논제 이해 자체가 부족했다고 볼 수 있어요. 학년이 올라갈수록 "A와 B를 활용하여 C를 비판하기"와 같이 복합적인 형태가 늘어나기 때문에 많이들 놓치는 부분이기도 합니다. 특히 마음이 급할 때는 문제를 잘못 보는 억울한 상황이 자주 생기곤 하죠.

글을 아무리 매끄럽게 잘 써도, 물어보지 않은 내용을 썼다면 높은 점수를 줄 수 없으니 이 부분을 잘 챙겨야 합니다. 학년이 올라갈수록 제시문 자체의 난이도가 올라가기 때문에 이를 이해하는 힘이 필요해요. 바로 독해력인 것이죠. 작가의 메시지, 인물의 의도 등을 제대로 파악하고 있는지, 잘못 이해하여 적용하는 것은 아닌지 점검해야 합니다. 글쓴이가 주장하고자 하는 바가 너무 명확해서, 글을 자의적으로 해석하는 경우도 있으니까요.

둘째, 논증력 영역입니다. 근거를 설정하고 글을 조직하는 기본 능력이라고 할 수 있어요. 분명한 자기 의견을 표현하는 것과 일관성을 유지하는 것, 그리고 논리적 비약을 피하는 것이 주요 점검

내용입니다. 입장을 명확히 했는지, 그 입장을 일관되게 유지했는지 확인합니다.

예를 들어, 통일에 관련된 책을 읽고 통일을 찬성하는 글을 쓴다고 했을 때, 글의 내용들이 같은 방향을 지향해야 합니다. 통일의 단점 요소, 반대하는 입장의 근거가 될 수 있는 내용을 가져온다거나, 거기에 동조한다면 글쓴이의 주장이 약해지겠죠. '팀킬', '자기 무덤 파기'가 될 수 있는 내용들이 섞여 있다면 감점 요소가 됩니다. 만약 의도적으로 약점을 가져와 적절하게 방어한다면 '예상 반론 점검'이라는 우수한 전략이 될 수도 있지만 그것은 논외로 할게요.

그렇다고 자기 주장을 강화하기 위해 논리적 비약과 오류를 범하는 것도 주의해야 해요. 아이들 같은 경우는 근거 자체를 생략하거나 주관적인 근거를 내세우는 경우가 많습니다. '통일을 해야 한다', '통일을 하면 좋다', '북한 친구들과 놀고 싶다'와 같은 경우죠. 이런 경우도 좀더 객관적인 근거를 마련할 수 있도록 피드백해 줘야 합니다.

형식적인 면에서도 서론·본론·결론의 특성에 맞게 글이 조직되었는지, 분량은 적절한지, 서로 매끄럽게 연결되었는지 확인합니다. 서론에서 관심을 끌기 위한 예시가 주제나 본론과 상관이 없다거나, 결론에서 본론의 내용과 다른 이야기를 한다면 좋은 논술문이라 할 수 없어요. 어린 학생일수록 형식만 잘 갖추어도 안정적인 글이 됩니다.

셋째, 창의력 영역입니다. 다들 기본적인 논증력을 갖추었다고 했을 때, 평가에 큰 영향을 미치는 것이 이 부분입니다. 독창적인 관점과 전개가 더해지면 더욱 매력적인 글이 되니까요. 학생들이 자료를 접할 수 있는 범위는 한정되어 있습니다. 주로 특정 도서나 인터넷 검색이죠. 그래서 같은 주제에 대한 글을 보면 비슷한 주장과 근거가 많이 있습니다. 그럴 때 독창적인 주장을 펼친다거나, 기존의 내용을 새로운 시각으로 바라본다면 눈에 띄는 창의적인 글이 됩니다. 조금은 엉뚱할 수 있지만, 그것이 매력적인 요소가 될 수도 있죠.

넷째, 표현력 영역입니다. 맞춤법, 적절한 어휘 사용, 정확한 문장 등의 요소를 점검하는 것입니다. 어린 학생들에게는 매우 중요한 요소라고 할 수 있습니다. 글 자체가 읽히지 않는 경우도 많으니까요. 외국어처럼(?) 해석이 필요한 글들도 있습니다. 그래서 논술 첨삭이 맞춤법 검사가 되어 끝나기도 하죠. 그럴수록 술술 잘 읽히는 글만 봐도 눈이 커집니다. 학년이 올라갈수록 표현력의 중요도는 떨어지지만, 그래도 간과할 수는 없어요. 글 전체에 대한 신뢰도를 떨어뜨릴 수 있기 때문이죠. 탄탄한 기본기는 중요합니다.

글쓰기 평가 기준 정리

독서감상문 참고 도서: 〈독서교육의 이론과 실제〉, 박정진 외 3명, 2018

영역	내용
내용 영역	정확한 내용 이해
	내용과 감상의 유기적 연결
	선명한 독자의 감상
구조 영역	글머리 / 줄거리 / 감상의 비율
	글의 짜임새
	글의 통일성과 응집성
표현 영역	맞춤법, 어휘력, 문체

서평 참고 도서: 〈독서교육의 이론과 실제〉, 박정진 외 3명, 2018

영역	내용
내용 영역	정확한 내용 이해
	내용과 감상의 유기적 연결
	글 내용의 타당성
	글의 논리성과 근거의 정확성
	관점의 공정성과 보편성

구조 영역	글머리 / 줄거리 / 평가의 비율
	글의 짜임새
	글의 통일성과 응집성
표현 영역	맞춤법, 어휘력, 문체

논술(초등)

참고 논문: 〈초등학생의 논술 쓰기 능력에 대하여〉, 유봉현, 2008

평가 영역	평가 기준	평가 요소
내용 생성	1. 주제의 선명성	글에서 전달하려는 주제는 분명한가?
	2. 논리성	주장에 대한 근거가 타당하고 논리적 오류는 없는가?
	3. 문제해결력	문제에 대한 해결 방안이나 적절한 대안을 제시하고 있는가?
	4. 참신성	내용이 참신하고 독창적인가?
	5. 설득성	독자를 충분히 공감시키는가?

독서에도 교육이 필요하다면

평가 영역	평가 기준	평가 요소
내용 조직	6. 문단의 구성 방식	문단을 중심으로 글을 적절하게 전개시켜 나가고 있는가?
	7. 문단 연결의 적절성	서론과 본론, 결론이 적절한 분량과 비중으로 자연스럽게 연결되었는가?
내용 표현	8. 맞춤법과 띄어쓰기	띄어쓰기 / 맞춤법이 맞는가?
	9. 어휘의 적절성	어휘를 적절하게 사용하고 있는가?
	10. 문장의 정확성	문법적으로 정확한 문장을 사용하고 있는가?

논술(중고등/대입)　　　　　　참고 도서: 〈독서교육의 이론과 실제〉, 박정진 외 3명, 2018

평가 영역	평가 기준	평가 요소
이해 분석력	제시문 이해	제시문에 대한 이해 분석 능력 제시문을 적절히 활용한 정도
	논제 이해	논제에 대한 인해 분석 능력 답안이 논제에 충실한 정도
논증력	근거 설정 능력	주장과 논거의 논리적 타당성 논제에 대한 분명한 자기 의견 표현 자기 의견과 제시문의 연관성
	구성 조직 능력	전체 논의 전개의 정합성 및 일관성 유지 전체 논의 전개에 있어 논리적 비약 유무 글의 전체적인 흐름이 체계적이고 조직적으로 전개

창의력	심층적인 논의 전개	주장이나 논거에 대한 예상 반론 제기 논의에서 더 나아간 함축이나 귀결들에 대한 고려
	다각적인 논의 전개	발상이나 관점의 전환을 시도 가능한 대안들에 대한 입체적 고려
	독창적인 논의 전개	주장이나 논거, 관점의 새로움 문제 통찰의 특이함
표현력	표현의 적절성	문장 표현의 매끄러움과 자연스러움, 적절한 비유 단락 구성 및 어휘의 적절성, 맞춤법 및 어법 준수

매체독서,
미디어는
독서의 적이 아니다

미디어 리터러시의 이해

미디어의 개념, 너와 나의 연결고리

모두가 연결된 네트워크 시대에 미디어의 영향력은 날로 커지고 있습니다. 코로나19 바이러스로 인한 비대면 생활 속에 '미디어'가 말그대로 핵심 '매개체'가 된 것이죠. 과거 지하철에선 이런 캠페인을 볼 수 있었습니다. "잠시만 스마트폰을 쉬고 일상의 작은 행복을 느껴보세요."(스마트폰 쉼 캠페인) 지금은 어떤가요. "몸은 멀리 마음은 가까이. 지인과 전화, SNS로 소통해요."라는 문구와 함께 캐릭터가 스마트폰을 들고 있습니다. 사회적 거리두기 캠페인의 일환으로 스마트폰 미디어 생활을 장려하고 있는 것이죠. 그렇게 인간적 접촉contact을 중요시하던 시대가 사라지고 어느새 거리두기social distancing가 하나의 문화처럼 되어버렸어요. 그리고 그 사이는 미디어가 채우고 있습니다.

미디어media의 어원은 중간을 뜻하는 '미디움medium'이고, 한문으로 하면 매체媒體, '중간에서 연결해 주는 것'이라는 의미입니다. 우리 생활에서 접하는 책과 종이 신문 같은 전통적인 인쇄 매체, TV·영화·유튜브 같은 디지털 영상 매체 등을 모두 포함합니다. 종이, 컴퓨터, 텔레비전, 스마트폰 등 다양한 기기를 통해 활자, 소리, 그림, 영상 등으로 메시지를 전달하는 모든 것이 미디어라고 할 수 있어요. 뉴스와 같은 언론, 저널리즘으로 한정지어 생각하는 분도 있고, 의미를 좁혀 디지털 미디어만 다루는 분도 있지만, 이 책에서는 사람과 사람 사이에서 정보를 전달하는 것은 모두 미디어라고 정의하겠습니다.

미디어의 기본 특징으로 프레임Frame과 아젠다세팅Agenda setting이 있습니다. 프레임은 하나의 틀, 시각과 구도를 의미하고 아젠다세팅은 주요 의제를 설정한다는 뜻이에요. 결국 미디어는 누군가에 의해 구성된 것입니다. 특정한 시각에 의해 구성되고, 그것 중 일부가 중요한 것처럼 곳곳에서 노출됩니다. 그러면 많은 관심과 함께 진짜 중요한 의미를 갖게 되죠. 그리고 그 미디어는 또 우리의 의식과 사고를 구성하며, 우리의 인지 양식까지 바꿀 정도로 큰 영향을 미칩니다. 미디어를 통해 우리는 더 많은 것들과 연결되며, 더 똑똑해질 수 있습니다.

그런데 이것은 그냥 얻어지는 것이 아니에요. 우리가 이러한 효과를 얻으려면 미디어에 종속되지 않고 제대로 수용하고 표현하는 능력이 필요합니다. 쏟아지는 미디어의 내용을 그저 보고 듣는 것만으로는 부족하죠. 미디어의 내용을 통해 그 안에 담긴 생각을 이해하고, 나의 생각을 더 깊게 하는 것, 미디어를 하나의 텍스트로 읽는 것, 독서교육에서 복합적인 미디어를 다루어야 하는 이유입니다.

미디어 리터러시의 개념, 문식성? 문해력?

미디어 리터러시media literacy는 '읽고 쓰는 능력'이란 의미의 리터러시literacy와 미디어media가 합쳐진 말입니다. 리터러시는 '문식성', '문해력'이란 말로 번역되기도 하는데 여기서는 리터러시란 말을 그대로 쓰겠습니다. 단순하게 생각하면 '미디어가 전달하는 메시지를 이해하고 표현하는 능력'이라 할 수 있죠.

문자 언어를 기준으로 생각할 때, 읽는다는 것은 단순히 글자를 알아보는 능력에 한정되지 않습니다. 글의 맥락과 내재된 뜻을 파악하고, 때로는 행간과 글이 쓰인 사회적 배경까지 생각하여 깊은 의미를 찾아내야 합니다. 글자를 기호로서 파악하는 해독decoding과 독해reading를 애써 구분하는 이유죠. 쓰는 것 역시 마찬가지입니다. 주어진 상황과 읽는 이를 파악하고, 명확하게 나의 생각과 의미를 담아 전할 수 있는 효과적인 표현 능력이 필요합니다. 그렇다면 읽고 쓰기의 대상을 '미디어'로 확장하면 어떨까요?

현대의 미디어는 문자, 이미지, 소리, 음악, 동영상 등 다양한 형태로 정보를 전달하기 때문에 멀티미디어라고 불리죠. 책과 영화처럼 제작자가 완성한 정보를 전달하는 미디어가 있는가 하면, 우리에게 일상이 된 인터넷과 쌍방향 소통이 가능한 소셜 미디어 등 각각 활용하는 방식도 다릅니다.

이처럼 여러 가지 방법으로 전달되는 정보를 수용하여, 전달되는 메시지를 알맞게 이해하고, 각 매체의 특성에 맞게 메시지를 표현하여 다른 사람들과 소통하는 능력이 '미디어 리터러시'입니다.

또한 미디어가 빠르게 발전하고 변화함에 따라 미디어 리터러시의 개념도 수시로 업그레이드되고 있어요. 과거의 미디어 리터러시는 책, 영화, 광고 등 일방향으로 제공되는 정보를 비판적으로 이해하고 적용하는 정도를 목표로 했다면 네트워크 기술이 발달한 오늘날은 더욱 다양한 능력이 요구되고 있습니다. 정보가 범람하는 만큼 활용할 미디어를 주체적으로 선택하고 원하는 정보를 찾아내는 것이 점점 중요해지고 있고요. 또한 SNS를 통한 기본적인 의견 나눔은 물론 영상 기획 및 제작과 편집, 능동적인 커뮤니티 활동, 개인 플랫폼 운영 등 점점 더 넓은 범위로 확장되고 있습니다.

미디어 리터러시의 개념은 계속 변화하고 있고 미디어 리터러시가 무엇인가에 대한 논의도 계속 진행중입니다. 한국콘텐츠진흥원에서는 미디어 리터러시를 미디어 접근 능력, 비판적 이해 능력, 소통 능력, 창의적 표현 능력으로 정의했는데요. 이를 중심으로 알아보겠습니다.

가장 기본이 되는 것은 미디어에 대한 접근 능력을 키우는 것입니다. 과거 글을 읽지 못하는 사람이 책이나 신문에 담긴 수많은 정보에서 소외되었듯이, 현대의 다양한 미디어에 접근하지 못하면 그만큼 해당 미디어를 통해 오가는 정보로부터 소외될 수밖에 없습니다. 키오스크가 활성화되면서 음식점 이용이 힘든 노인분들의 고충이 뉴스에서 다루어지기도 합니다. 디지털 문맹이란 말이 생기고 사회적 문제가 되고 있어요.

어르신들 뿐만 아니라 아이들도 온라인 개학을 통해 학습 격차가 심화될 수 있다는 말이 나오고 있습니다. 특히 디지털 미디어의 경우 각종 디바이스나 플랫폼의 활용법, SNS 이용법 등을 알아야 접근이 용이합니다. 환경이나 문화적 조건이 갖추어지지 않으면 진입장벽이 두터울 수 있죠. 따라서 PC, 스마트폰을 비롯하여 여러 미디어의 활용법을 숙지하는 것이 미디어 리터러시의 기본 전제가 됩니다.

한국은 비교적 일찍부터 인터넷이 광범위하게 보급되고 스마트폰이 보편화되어 디지털 문화를 쉽게 접할 수 있어요. 이러한 환경에서 자란 요즘의 아동과 청소년은 대부분 '디지털 네이티브'라 불릴 정도로 자연스럽게 미디어를 다룹니다. 그래서 아동과 청소년을 대상으로 한 미디어 리터러시 교육에서는 이러한 과정을 생략하기도 하지만 오락으로 미디어를 즐기는 것과 목적에 맞게 미디어를 활용하는 것은 다릅니다. 실제로 온라인 학습 때도 아이들이 독수리타법으로 채팅을 하거나, 프로그램을 다루지 못해서 수업 참여를 힘들어하는 경우도 많았어요. 게임을 그렇게 잘하던 아이들이, 스마트폰을 그렇게 잘 만지던 아이들이 말이죠.

미디어의 오락적 사용이 심해지면 '미디어 중독' 문제를 불러 일으키기도 합니다. 주체적인 '접근 능력'은 스스로 사용을 조절하고 통제하는 능력을 포함하고 있기 때문에, 이러한 방향에서 접근 능력 교육의 필요성이 증대되고 있습니다.

미디어 리터러시의 다음 단계는 미디어의 내용을 비판적으로 이해하는 능력을 키우는 것입니다. 기본적으로 주어지는 정보를 파악하고, 그 안에 담긴 주제나 메시지를 이해하며 즐기거나 감동하는 등 미디어를 통해 전해지는 것을 통합적으로 받아들이는 능력이에요. 기호, 연출, 음악 등 미디어에서 활용하는 다양한 표현 방식에 대한 이해는 물론, 주제와 사회적인 맥락에 대한 이해까지 필요합니다.

이해와 수용 교육에서 중요한 부분은 표면적인 이해를 넘어 능동적이고 비판적인 이해 능력을 기르는 것입니다. 특히 어릴 때부터 미디어를 받아들여온 디지털 네이티브 세대는, 미디어를 자연스럽게 여긴 나머지 그 내용도 당연하게 받아들이는 점이 문제되고 있어요. 인터넷 방송에서 본 유해한 행동을 무분별하게 따라하거나, 미디어의 내용을 무조건 사실로 받아들이는 것은 미디어 접근 능력은 있지만 미디어 이해에 관한 교육이 이루어지지 않은 경우라고 할 수 있습니다.

이전부터 학교에서는 TV 광고나 만화, 드라마 등을 대상으로 비판적 읽기 교육을 진행하긴 했었어요. 하지만 최근 여러 사건들을 통해 온라인에서 시작된 왜곡된 정보나 악의적인 소문이 사회적 문제를 유발하면서 비판적 이해의 중요성이 더욱 강조되고 있습니다. 인터넷과 SNS를 통해 확인되지 않은 정보가 판을 치고, 가짜뉴스에 많은 사람들이 휘둘리고 있기 때문이죠. 방송사에서도 광고나 시청률 확보를 위해 자극적이거나 편향된 보도를 하는 경우가 많아지고 있어요. 이로 인해 사회적 갈등과 집단간 혐오가 심해지기도 합니다. 신뢰도 높은 '공중파', '뉴스라고 하더라도 거리를 두고 검증하는 자세가 꼭 필요한 시대입니다.

소셜 미디어의 파급력이 크고 광범위해진 오늘날은 미디어를 통해 전해지는 내용뿐 아니라 미디어 자체의 특성과 영향력에 대한 교육도 필요합니다. 미디어의 특성을 이해하면, 미디어에서 나오는 정보들에 대해 다른 관점으로 바라보며 합리적으로 이용할 수 있어요. 마찬가지로 소셜 미디어의 특징, 영화의 특징, 만화의 특징 등을 파악하여 보다 좋은 방향으로 활용할 수 있는 교육이 필요합니다.

소셜 네트워크 시대로 변화하면서 미디어를 활용한 소통 능력도 점점 중요성을 더해갑니다. 과거에는 댓글에 중점을 두어 '악플'을 경계하고 '선플'을 장려하는 활동을 많이 진행했습니다. 이는 지금도 마찬가지죠. 댓글의 영향력은 커져가고 있기 때문에, 서로 상처 받지 않는 건강한 소통의 중요성도 지속적으로 강조됩니다. 온라인 소통에 익숙해질수록 경계심이 줄어들며 오프라인 소통과 연계되는 점도 주목해야 합니다.

나아가 다양한 미디어를 통해서 많은 정보들이 생성되고 있고, 그 유용한 정보들을 나의 목적에 맞게 적절히 활용하여 문제를 해결하는 것은 중요한 능력입니다. 업무 능력 및 학습 능력 향상에도 꼭 필요하죠. 점점 다양한 플랫폼을 활용한 온라인 교육이 확산되고 있는데, 이에 따라 꼭 챙겨야 할 주의사항도 점검해야 합니다.

초연결시대라는 이름에 걸맞게 SNS의 영향력은 날로 확대되어 가고, 이를 바탕으로 한 소통도 개인의 영역을 넘어 사회·정치 영역까지 활발히 뻗어가고 있어요. 여론을 형성하고 사회 정책을 집행하는데도 막대한 영향력을 행사하죠. 여기서 댓글 조작, 실시간 검색어 조작 등 다양한 문제도 노출되었습니다. 이에 현혹되지 않는 합리적 소통과 정치 참여 방식도 민주주의 시민으로서 꼭 챙겨야 할 소양입니다. 경제적으로도 SNS 마케팅은 필수 요소가 되었습니다. 1인 기업을 포함한 영세 자영업자부터 대기업까지, SNS를 활용한 홍보, 고객과의 소통은 더욱 활발해지고 있어요. 이로 인해 고객의 목소리가 직접적으로 반영되어, 소비자의 권리를 찾게 된다거나, 제품 구성에 영향을 미치기도 하죠. 바람직한 소통은 많은 것을 바꿀 수 있게 되었습니다.

마지막으로 미디어를 창의적으로 생산하는 능력입니다. 오늘날

작게는 댓글을 달고 블로그를 운영하는 것부터 시작해서, 1인 방송을 제작하거나 자신의 콘텐츠를 연재하는 등 다양한 미디어 활동을 어렵지 않게 경험할 수 있습니다. 현재는 영상 촬영 기법, 편집 기법 등의 제작 기법과 SNS 마케팅 방법, 채널 운영 방법 등이 미디어 교육에서 큰 인기를 얻고 있습니다.

분야에 따라 다양한 교육이 있을 수 있겠지만, 기본적으로 전제되어야 할 것은 자신이 창작하는 콘텐츠의 의미와 파급력을 이해하기 위한 교육입니다. 또한 창조뿐 아니라 공유하는 것도 미디어 공급의 일부이므로, 이에 대해서도 의미를 이해하고 책임감을 가질 필요가 있어요. 인터넷 문화의 특성상 더 많은 조회수, 더 많은 관심을 받기 위해 남의 창작물을 무단으로 배포하거나 자극적인 내용을 제작하고 공유하는 경우가 많고, 이는 사회적 문제가 되고 있습니다. 기초적인 저작권 교육, 정보의 출처 확인과 표시 방법, 자신의 창작물에 대한 책임, 커뮤니티 매너 등 소통의 기본 태도에 대한 교육과 문화 조성이 필요합니다.

이러한 준비가 된 상태에서는 자신만의 콘텐츠를 기획하고 구성해보는 것이 중요해요. 미디어는 적은 비용으로 창의적 인재의 길을 열어주고 있고, 많은 사람들이 미디어를 통해 자신만의 꿈을 펼쳐나가고 있습니다. 꾸준히 제작한 콘텐츠는 나만의 포트폴리오가 되고, 퍼스널브랜딩의 기반이 됩니다. 수익성을 담보한 직업으로서 큰 인기를 누리고 있죠. 4차산업혁명을 맞이한 새로운 진로교육의 가능성을 품고 있다고 할 수 있습니다.

독서에도 교육이 필요하다면

미디어 특성에 맞는 맞춤형 읽기

종합예술의 맛, 영화

영화는 영상에 이야기를 담아내는 미디어입니다. 스크린 상영을 전제로 하여 발달했기 때문에, 특정한 시간 안에 서사가 완결된다는 것이 특징이에요. 요즘은 영화관 개방 대신 넷플릭스와 같은 온라인 스트리밍 플랫폼에서 공개하는 경우도 있죠. 시청도 IPTV나 스마트폰으로 하기도 합니다. 그만큼 접근성이 다양해지고 있죠.

영화는 오랜 역사만큼 고도의 연출 기법을 발달시킴으로써 한정된 시간에 굉장히 많은 정보를 효과적으로 전달하고 있습니다. 대사와 사건으로 전달되는 스토리 외에도 연출, 미술, 음악 등을 통해 전해지는 내용이 많죠. 이런 요소들을 읽어내는 것 역시 중요한 미디어 리터러시입니다.

책에서 문체를 이야기하듯 영화에서도 '영상 필체'가 있습니다. 촬영 기법부터 조명, 미장센 하나하나가 섬세하게 계획된 것이라고 할 수 있죠. 카메라의 렌즈라는 프레임은 한정된 시야를 담아내기 때문에 다양한 효과를 의도적으로 낼 수 있어요. 카메라 각도를 예로 들면, 대화하는 인물을 촬영할 때 인물을 가까이에서, 얼굴이 잘 보이게 촬영하면 시청자는 인물을 더 정서적으로 가깝게 느낍니다. 또 먼 거리에서 찍으면 보다 객관적으로 바라보게 되죠. 아래에서 올려다 찍으면 대상이 더 위엄있게 보이고, 위에서 내려다 찍으면 초라해 보이기도 합니다. 이렇게 카메라 각도에 따라서 다른 느낌을 줄 수 있죠.

미장센이라는 말은 익숙할 거예요. 저는 지금도 샴푸가 먼저 떠오릅니다. 미장센mise en scene은 '장면 속에 무엇인가를 놓는다'는 의미를 갖습니다. 소품 하나, 배우의 위치 등 모든 것을 다 감독이 구성한 작품으로 보는 것이에요. 사진을 찍을 때, 우리는 방해되는 것은 프레임 밖으로 치우고 어울리는 것은 가져오죠. 책장을 배경으로 사진이나 영상을 찍을 때도, 책장에 어떤 책이 꽂혀있는지 신경 써요. "나 이런 책 읽는 사람이야."라는 마음과 함께 의도적으로 책을 재배치하기도 하죠. 그렇게 프레임 안을 재구성하여 어떤 의도를 담아낼 수 있습니다. 감독이 의도를 했든, 하지 않았든 독자에게는 해석의 재미를 안겨주는 요소입니다. 작품을 꼼꼼하게 보고, 두 번 세 번 보면 많은 보물들을 찾을 수 있고, 이는 작품을 이해하는 생각의 근육을 키워줍니다.

몽타주montage라는 말은 들으면 경찰서나 미술시간이 떠오르곤 합니다. 목격자의 진술을 토대로 자료를 합성한 용의자의 얼굴사진이나, 이것저것 오려서 붙여 작품을 만들던 시간 말이죠. 프랑스어 'monter(모으다, 조합하다)'에서 온 말로 이것저것을 오리고 붙이며 재구성하여 창조적인 의미를 만드는 것으로 편집editing과 함께 사용됩니다. 미장센이 하나의 쇼트에 담긴 의미를 이야기했다면, 이것은 연속성을 통해 의미를 담고 있어요.

예를 들어, 한 소년의 기뻐하는 얼굴을 보여준 다음 시험지를 보여주면, 우리는 '시험을 잘 보았구나'라는 의미를 만들어냅니다. 하지만 한 소녀의 모습을 보여주면 '사랑에 빠졌구나'라는 또다른 의미가 생성되죠. 마찬가지로 부모님의 모습을 보여주면 '화목한 가족이구나'라는 의미를 떠올릴 것입니다. 소년의 얼굴은 변하지 않았지만, 그 이후에 어떤 장면과 결합하느냐에 따라 의미가 달라지는 것이죠. 이런 몽타주 기법을 통해서 영화는 다양한 메시지를 흥미롭게 전달합니다.

책에서 느낄 수 없는 영화의 매력 중 하나는 청각적 효과입니다. 상황에 적합한 효과음, 감정을 전달해주는 배우의 목소리, 작품의 분위기와 메시지를 전하는 배경음악까지, 작품에서 음향효과가 주는 영향력은 점점 커지고 있습니다. 특히 영화 음악(OST_Original Sound

Track)은 영화를 더욱 돋보이게 하고, 영화보다 더욱 긴 생명력을 자랑하기도 합니다.

유명한 영화 음악 중 〈겨울왕국 1〉의 〈Let it go〉는 신드롬을 불러 일으켰습니다. 따라부르기 쉬운 가사와 함께, 시대 정신과 맞닿아 있는 작품의 주제도 효과적으로 전달하고 있었기 때문이죠. 〈겨울왕국 2〉가 개봉했을 때도 줄거리보다 음악을 기대하는 분이 많았고 〈In to the unknown〉도 큰 인기를 얻었어요. 지금도 영화나 드라마가 인기를 얻으면 배경 음악도 높은 순위를 유지하곤 하죠. 음악을 들으면 그 작품의 감동이 다시 떠오르며 오히려 영화보다 더 오래도록 인기를 얻기도 합니다.

영화는 굉장히 많은 자본을 기반으로 하기 때문에, 짙은 상업성으로 손가락질을 받기도 했습니다. 하지만 문화콘텐츠로서 영향력이 점점 커지며 현재는 종합 예술로 인정받고 있죠. 많은 사람들이 즐길 수 있는 대중성과 예술성을 함께 담으려고 노력하고 있고 꾸준히 성과도 내고 있습니다. 봉준호 감독의 〈기생충〉이 세계적으로 인정 받으며 큰 상을 수상한 것도 자랑스럽지만, 대중성과 예술성, 사회성의 절묘한 조화라는 평이 더욱 의미있게 다가옵니다.

'이미지텔링'이라는 말이 있어요. 이미지를 활용해서 메시지를 전달하는 것을 의미합니다. 스토리텔링과 견주면 이해하기 쉬워요. 이미지나 영상을 하나의 언어로 보고자 하는 노력은 오래전부터 지속되어 왔어요. 단순하게 흑백 이미지와 컬러 이미지의 차이에서부

독서에도 교육이 필요하다면

터, 색깔의 변화가 주는 느낌, 위에서 바라보는 것과 아래에서 바라보는 것의 차이 등 이미지로만 담을 수 있는 많은 메시지가 존재하기 때문이죠. 직관적으로 전해지는 정보도 있지만, 그것만으로 온전히 이해한 것이라곤 할 수 없습니다. 이도 정성스런 관심이 필요합니다. 영상이 상상력을 죽인다고 하지만 이는 영상에 너무 의존하기 때문이에요. 감독의 상상을 즐기되 내 상상과 별개로 하려는 노력이 더욱 필요합니다. 장면의 의미를 추리하고 비판하며 나의 관점을 가지고 영화를 깊이 읽다 보면 깊은 사유와 상상의 매개체가 될 것입니다.

이러한 영화도 다양한 면에서 변화하고 있습니다. 기존 2D 중심에서 3D, 4D, IMAX 등의 영화들이 많이 제작되고 있고, 컴퓨터그래픽은 점점 더 정교해지며 영화 기술의 발달을 선명하게 보여줍니다. 어두운 곳에서 조용히 영화를 관람하던 문화도 변하고 있는데요. 영화관에서 함께 노래를 부를 수 있는 싱어롱 상영을 비롯해 다양한 컨셉의 상영관이 오픈되고 있으며, 집에서 TV나 스마트폰으로 최신 영화를 볼 수 있는 서비스들도 활발히 이루어지고 있습니다. 특히, 온라인 동영상 스트리밍 서비스 넷플릭스는 미디어 생태계의 지각변동을 불러일으키고 있습니다. 다양한 기존 콘텐츠를 추천해주는 서비스를 넘어 콘텐츠를 자체 제작하기도 합니다. 영화를 비롯한 다양한 작품들을 제작하여 독점 상영하고 있죠. 코로나19 바이러스로 인해 영화 관람을 자제하는 사회 분위기 속에서, 개봉을 미루던 기대작이 넷플릭스에서 먼저 공개해 화제가 된 사건도 있었어요. 기존에 '영화'하면 떠오르던 '극장'과 '팝콘'의 문화생활 이미지가 언제 어떻게 변할지 모르겠습니다.

영화 읽기 3가지 팁

첫째, 상징과 비유를 해석합니다.
영화는 한정된 시간 속에 주제 의식을 전달하기 위해 노력합니다. 천천히 음미하며 수많은 장면과 요소에 의미를 부여하고 해석을 시도합니다.

둘째, 영상필체를 꼼꼼하게 체크합니다.
소설에 문체가 있듯이 영상에는 영상필체가 있습니다. 줄거리와 내용 중심을 넘어 '어떻게' 전달하는지 주목합니다. 카메라 각도, 미장센, 편집 기법 등을 관찰합니다.

셋째, 음악과 장소, 광고 등 다양한 요소를 즐깁니다.
잘 만들어진 배경음악은 수많은 곳에서 재생되며 영화보다 생명력이 길죠. 영화 속 장소는 유명한 관광 명소가 되어 SNS 인증을 부릅니다. 또 명장면과 포스터는 수많은 짤과 패러디 광고로 이어지기도 합니다. 이 모두가 즐길 거리입니다.

진짜와 가짜 논란, 뉴스

뉴스는 기본적으로 공공의 관심사에 대한 새로운 소식과 정보를 이야기합니다. 그래서 의제를 선점하고 여론을 형성하기 쉽기 때문에 막대한 영향력을 갖고 있어요. 뉴스는 굉장히 폭넓은 의미이지만 우리는 신문, 기자, 방송 보도를 가장 먼저 떠올리죠. 과거에는 뉴스를 접할 수 있는, 전할 수 있는 통로가 많지 않았지만, 현재는 네트워크 기술의 발달로 누구나 뉴스를 생산할 수 있는 시대가 되었고 그 권위도 달라졌습니다. 차근차근 알아보도록 하겠습니다.

수많은 정보 중에 어떤 것이 가치 있는 뉴스가 될까요? 기준으로 제시되는 몇 가지 특성이 있습니다. 시의성, 영향성, 근접성, 저명성, 신기성, 갈등성, 흥미성 등입니다.

시의성은 당시의 상황이나 사정과 딱 들어맞는 성질을 의미합니다. 최근에 발생한 사건, 현재와 관련된 뉴스 가치가 높다고 할 수 있죠. '속보'라는 타이틀로 최신 내용을 빠르게 다루려고 노력하죠.

영향성은 많은 사람들에게 영향을 미칠수록 뉴스 가치가 높다는 의미입니다. 지역 아파트의 화재 사건보다 KTX 정전 사고와 같이 국가적인 사건을 더 우선시하죠.

근접성은 뉴스 기사가 독자의 입장에서 지리적으로나 심리적인 거리감이 적을수록 뉴스 가치가 높다는 것입니다. 해외 사건보다 국내 사건을 더 우선시하는 예입니다.

저명성은 유명 인사와 관련된 사건이 뉴스 가치가 높다는 것으로 유명 연예인이나 정치인 관련 사건이 우선 보도되는 것을 많이 볼 수 있죠.

신기성은 이상하고 신기한 사건이 뉴스 가치가 높다는 것입니다. 특이한 내용이 많은 사람들의 관심을 끌 수 있죠.

5장 매체독서, 미디어는 독서의 적이 아니다

갈등성은 평화 상태보다 갈등 상태가 뉴스 가치가 높다는 것으로 훈훈한 소식보다 불행한 사건과 갈등들이 많이 보도되는 것을 볼 수 있습니다.

마지막 흥미성은 콘텐츠 자체의 흥미를 불러일으킬 수 있는 매력적인 내용이 필요하다는 것인데요. 문화계, 연예계 뉴스가 대중적인 인기도가 높은 것도 같은 맥락입니다.

우리가 접하는 뉴스는 이러한 복합적인 기준을 바탕으로 선별되었다고 할 수 있습니다.

현재는 이런 소식을 담는 미디어로 종이 신문보다 디지털 뉴스로 많은 전환이 이루어졌습니다. 스마트폰의 보급과 함께 더욱 높아진 접근성, 인터넷을 통한 빠른 업데이트, 댓글을 통한 쌍방향 소통, 다양하고 입체적인 구성 등의 매력으로 점점 더 높은 영향력을 확대하고 있는데요. 기존 언론사들 외에, 각종 SNS와 유튜브를 통해 생산되는 뉴스들도 늘어나고 있습니다. 기성 방송국 외에 개인 방송의 영향력이 커지면서 '유튜브 저널리즘'이란 말이 사용되기도 합니다. 이러한 뉴스 미디어의 변화는 많은 문제점도 안고 있습니다.

짧은 순간, 가볍게 소비하는 방식이 많아지다 보니 그에 맞는 단편적인 뉴스가 많아지고 있습니다. 집중해서 기사를 읽고 내용을 이해하기보다 파편화된 기사들을 훑어보며 피상적으로 받아들여 잘못 이해하기도 합니다. 기존 언론사 외에 인터넷 언론사, 개인 SNS 등 누구나 기사와 같은 콘텐츠를 제작하고 공개할 수 있게 되면서 기사 작성의 기본 원칙이 지켜지지 않는 경향도 확대되고 있어요. 자극적인 제목과 함께 객관적 사실과 주관적 의견의 구분이 명확하지 않은 뉴스들이 많아지며 수용자를 혼란스럽게 합니다. 디지털 시스템에서 가중된 속보성 경쟁이 사실 확인 절차를 경시하는 결과를 낳았다고도 할 수 있는데요. 이러한 경쟁 속에서 만들어진 필요 이상의 정보들 때문에 소비자들은 선택의 피로감을 느낍니다. 이 중에서 소비자들에게 선택받기 위해 점점 더 자극적이고 선정적인 제목이나 내용으로 뉴스를 제작하기도 하죠. 나아가서 많은 사람들의 관심을 끌기 위한 '가짜뉴스'들이 성행하며 사회적 문제가 되고 있습니다.

가짜뉴스Fake News는 좁은 의미에서 의도를 담은 뉴스의 형태를 띠고 있지만, 넓은 의미에서는 온갖 허위 정보를 포함하고 있습니다. 그 중에 의도를 담은 거짓이냐 아니냐로 나눠지기도 하죠. 과거부터 거짓말, 유언비어 등은 존재했습니다. 대표적으로 사람들에게 늑대가 왔다는 가짜뉴스를 '그냥' 퍼뜨린 양치기 소년, 선화공주와 결혼하기 위해 아이들을 통해 가짜뉴스를 퍼뜨린 서동의 이야기, '서동요' 등이 있죠.

그런데 왜 지금 더욱 이슈가 되고 있을까요? 바로 콘텐츠의 양적인 증가와 확대된 영향력 때문입니다. 화장실에 쓴 가벼운 장난도 SNS를 통해 수많은 사람에게 쉽게 퍼질 수 있는 시대가 되었기 때문에 그 영향력은 점점 커지고 있습니다. 정치적 갈등을 유발하는 정보, 잘못된 건강 정보, 흠집내기 위한 연예계 루머, 개인적 보복을 담은 모함 등 실제로 수많은 가짜뉴스가 사회적 갈등을 유발하고, 죄없는 사람들에게 금전적·정신적 피해를 끼치고 있습니다. 그래서 우리는 가짜뉴스에 속지 않기 위해 의도적인 노력을 해야 해요. 구체적인 방법을 살펴보겠습니다.

우선 해당 정보에 대한 출처를 확인하고, 관련 정보에 대한 사실을 확인하는 습관(팩트체크)을 갖습니다. 조금만 판단을 보류하고 사실검증을 해봐도 거짓된 내용의 많은 부분을 알 수 있어요. 포털 사이트에 해당 내용을 검색해서, 비슷한 내용이 여러 언론사에서 다루어지는지 확인하거나 팩트체크 사이트를 활용하는 것이죠.

한 예로 서울대학교 언론정보연구소에서 만든 팩트체크 사이트(SNU FactCheck)는 수많은 의혹성 정보들을 언론사별 기사를 바탕으로 검증합니다. 재미있는 것은 O, X와 같이 단순하게 접근하는 것이 아니라 '전혀 사실 아님 / 대체로 사실 아님 / 절반의 사실 / 대체로 사실 / 사실'의 5단계로 구성되어 있다는 점이에요. 명확하게 구분할 수 없다는 의미죠. 물론 자체 검증이 아니라, 기존 언론사들의 팩트체크를 모아둔 플랫폼이기 때문에 해석과 판단의 여지는 또 남아 있습니다. 실제로 운용사항에 "서로 반박이 되는 팩트체크가 가능하다"는 메시지와 함께 교차검증을 통해 사실성 판단의 다양한 관점을 수용하겠다고 밝히고 있어요. 팩트체크에는 그만큼 복잡한 영역이 존재합니다. 단순 '진짜'와 '가짜'를 구별하는 것에서 끝나지 않죠.

　그래서 우리는 스스로도 교차검증을 해야 합니다. 여러 관점의 기사, 미디어를 비교하고 논조를 통해 그들의 시각이 어떻게 다른지 몸으로 느껴보는 것이죠. 서로 다른 성향의 참가자들이 한 자리에서 이야기하는 방송을 유심히 보면 같은 사안도 얼마나 다르게 해석하는지 알 수 있어요. 개인이 그러한 입체적 관점을 유지하도록 노력하는 겁니다. 그리고는 질문을 던져봅니다. 이 내용을 통해 "누구에게 이익이 가는가?", "왜 만들어졌는가?", "어떤 의도가 숨겨져 있지는 않은가?" 등등 좀더 깊이 있게 바라보는 것이죠.

　마지막으로 댓글을 작성하거나, 누군가에게 공유하는 행동에 조금 더 신중을 가하는 것입니다. 거리를 두고 반응하는 것이죠. 나의 경솔한 댓글과 공유가 또다른 사람을 현혹시킬 수 있습니다. 그럼 나또한 가짜뉴스 유포자가 되는 것이죠. 〈미디어 교육 선언〉(학이시습)에서는 진실과 거짓 사이에는 더 넓은 회색지대가 있다고 말합니다. 그래서 가짜인 것을 단순히 찾아내기보다는 정보원에 존재하는 편향성을 확인하는 것이 중요하다고 하죠. 우리가 의도적으로 거짓말을 하는 것은 아니라도, 편향적인 목소리를 내기는 쉬운 세상임을 명심해야 합니다.

첫째, 출처를 확인합니다.

언론사를 포함해 어떤 정보든 '누가' 말한 것인지, 이 기사를 통해 이익을 얻는 사람이 '누구'인지 생각합니다. 나의 인지편향이 작동하기 전에 거리를 둡니다.

둘째, 기본 팩트체크를 합니다.

개인이 하는데는 분명 한계가 있습니다. 같은 내용을 검색했을 때 중복되는 내용이 있는지, 누군가 이미 팩트체크한 내용이 있는지 확인하는 것만으로 많은 부분이 검증될 것입니다.

셋째, 기사들을 비교하며 편향성을 확인합니다.

다양한 언론사의 기사를 '의도적으로' 크로스 체크합니다. 즉, 나의 성향과 다른 콘텐츠도 살펴보는 것이죠. '무조건' 믿지 말고, 비교하고 '선택'해야 합니다.

만화의 진화, 웹툰

만화는 그림 속에 이야기를 담아 전달하는 미디어입니다. 한 컷으로 끝나는 작품에서부터 백여 권에 이르는 시리즈물까지 규모도, 다루는 내용도 다양합니다. 그림과 함께 있어 읽기 편하고 이해하기 쉽기 때문에 접근성이 높은 매체 중 하나이죠. 만화는 신문, 잡지, 단행본 등의 인쇄 매체에서 시작했지만 지금은 인터넷이 발달하면서 웹이나 모바일에서 볼 수 있는 웹툰이 더 활발하게 생산되고 있습니다.

만화는 높은 접근성과 이해하기 쉽다는 특성 덕택에 학습에도 널리 활용됩니다. 《마법천자문》, 《Who? 위인전》, 《Why? 시리즈》 등 어린이들에게 인기를 끄는 학습만화가 좋은 예입니다. 꼭 학생들뿐만 아니라 성인 출판물에도 사진과 그림이 늘어가고, 삽화의 형식으로 스며들어 있어요. 정부나 기업에서 홍보물이나 안전수칙 안내 등을 만화로 제작하기도 하죠. 《박시백의 조선왕조실록》(휴머니스트)은 역사를 좋아하는 성인들에게도 큰 인기를 얻어서 100만 부 이상의 판매고를 올리기도 하였습니다. 만화는 더 이상 아이들만 좋아하는 미디어가 아닙니다.

미디어마다 각자의 표현법을 가지고 있는데, 만화는 그중에서도 기호화된 표현법이 잘 발달되어 있어요. 주인공이 당혹해하는 모습을 나타낼 때는 얼굴이나 머리 위 공간에 땀방울 표시를 넣고, 주인공의 감정 변화를 나타내기 위해 표정을 비롯해 배경에 색다른 효과를 주기도 해요. 이러한 표현들은 대부분 직관적이어서 쉽게 이해할 수 있지만, 장르 문법에 익숙하지 않은 사람은 놓치고 지나가는 부분이기도 합니다. 만화 역시 읽으면 읽을수록 더 보이는 것이 많아지고 깊이 느끼게 되는 미디어입니다.

지금은 '만화'하면 '웹툰'이 먼저 떠오를 정도로 웹툰의 영향력은 어마어마해요. 웹툰 생태계가 제대로 정착한 것은 우리나라가 최초라고 하며 한류 문화(K-웹툰)로 인정받고 있어요. 단순히 종이책을 인터넷에 올린 것에서 시작해, 지금은 다양한 면에서 차별화됩니다.

웹툰은 기본적으로 '연재'의 방식으로 진행하며 매 화마다 댓글을 통해 즉각적인 소통이 가능한 것이 매력입니다. 실제로 많은 작가들이 인터뷰에서 댓글들을 꼼꼼하게 읽어보고, 반응한다고 말하기도 했어요. 이렇게 독자들은 자신의 목소리를 적극적으로 내며 작품에 참여합니다. 저 또한 웹툰이 단행본으로 제작된 책을 읽는 도중에, 사람들의 댓글이 궁금해서 다시 웹툰을 찾아보기도 했어요. 독자들의 반응부터 깊이 있는 해석, 센스 있는 유머까지 다 만날 수 있는 공간이니까요.

형식적인 면에서도 새로운 시도를 많이 하고 있습니다. 만화책은 가로 칸을 중심으로 하고, 초기 웹툰도 컴퓨터 화면에 맞추어 진행되어 글자도 작고 텍스트의 양도 많았어요. 현재 웹툰은 모바일 중심으로 제작되기 때문에 글자의 크기도 커지고 텍스트 양도 줄었으며, 화면도 세로 스크롤 중심으로 구성됩니다. 세로 스크롤을 활용해 새로운 시각적 효과를 제공하는 작품들도 많이 선보이고 있어요. 나아가서 배경음악, 애니메이션과 같이 움직이는 효과, 인터랙티브 요소 등을 첨가하여 독자의 몰입을 유도합니다. 디지털이기에 가능한 것이죠.

수용자 입장에서 웹툰은 굉장히 접근성이 높은 콘텐츠입니다. 스마트폰으로 손쉽게 볼 수 있고, 짧은 호흡으로 연재되는 구성이며, 무료 콘텐츠가 굉장히 많기 때문이죠. 그래서 어린 학생부터 쉽게 이 웹툰의 매력에 빠져들고 있어요. 이어서 교육적인 콘텐츠, 공익적인 콘텐츠도 웹툰의 형식으로 꾸준히 제작되고 있습니다.

이러한 웹툰의 인기를 바탕으로 드라마, 영화, 게임, 이모티콘 등 다른 미디어들이 추가 제작됩니다. 기존 독자들의 팬덤을 확보하고 있고, 이미 검증 받은 작품성을 담보로 하고 있어 안정적이죠. 또 그림을 바탕으로 하고 있어 영상매체로 변환하기 수월한 면이 있습니다. 작품을 좋아하는 독자의 입장에서도 다양하게 향유할 수 있는 통로로 자리잡고 있어요.

만화 읽기 3가지 팁

첫째, 꼼꼼히 읽습니다.
손가락 튕기며 스치듯이 보지 말고, 음미하며 읽도록 합니다. 줄거리 이해를 넘어 작가의 연출 방식, 그림체, 대사 등을 관찰하면 새로운 매력이 보여요.

둘째, 댓글을 읽고 쓰며 소통합니다.
웹툰의 댓글 안에는 내용 보완과 추론, 공감과 비판 등 다양한 내용이 오고 갑니다. 작품을 더욱 풍요롭게 즐길 수 있으니, 댓글도 콘텐츠임을 명심하세요.

셋째, 만화에 상상력을 더합니다.
독자들이 하는 웹툰 캐릭터 가상 캐스팅은 하나의 창의적인 놀이가 되었죠. 또 굿즈 제작 아이디어를 공유하거나, 자신만의 그림체로 캐릭터를 재창작하는 등의 창의적인 활동도 콘텐츠를 즐기는 방법입니다.

자유로운 경험의 장, 게임

게임은 수용자가 직접 참여해서 즐길 수 있는 모든 종류의 콘텐츠를 말합니다. 오래된 놀잇감인 바둑이나 장기, 카드게임에서 시작해 각종 스포츠, 보드게임, 룰을 정하고 역할을 맡아 진행하는 롤플레잉 게임 등 무수히 다양한 놀이가 게임의 범주에 들어간다고 할 수 있어요. 미디어 콘텐츠로서의 게임은 보통 컴퓨터, 콘솔, 스마트폰 등으로 하는 디지털 게임만을 가리킵니다. 그러나 게임이라는 개념의 핵심이 '이용자의 참여'라는 점에는 변함이 없습니다.

'게임'이라고 하면 자극적인 이미지와 영상이 먼저 떠오르긴 하지만, 실생활에 접목할 수 있는 편안하고 따뜻한 게임들도 많습니다. 물론 인기의 차이는 있지만요. 게임을 단순히 시간 때우기 용으로 생각하는 것과 다르게 하나의 탄탄한 구조와 복합적인 기술로 만들어지는 종합 예술로 보기도 합니다. 게임 시장은 점점 커져가고 있고, 사람들이 가장 적극적으로 소비하는 미디어가 되어가고 있는 것은 부정할 수 없죠. 그만큼 수많은 게임이 쏟아지고 있으며, 퍼즐, 슈팅, 액션, 시뮬레이션 등등 주제와 형식도 엄청나게 다양해요. 기본적으로 '놀이'라는 큰 개념으로 봤을 때 그 영역은 무궁무진합니다.

다양한 게임의 특징이 있지만 대표적인 특징 중 하나가 '자유도'입니다. 자유도는 게임 안에서 유저가 자유롭게 행동할 수 있는 정도를 말해요. 정해진 규칙에 따라 성공하거나 실패하거나 둘 중 하나로 정해진 게임도 있지만, 수용자의 선택에 따라 가능성을 계속 열어가며 다양한 흐름을 보여주는 게임도 있습니다. 자유도가 높은 게임은 독자에게 주체적인 경험을 제공하죠.

인터넷의 발달로 여러 사람이 대전하거나 함께 임무를 수행하는 게임이 늘어나면서 참여하는 경로도 다양해졌습니다. 각자의 전략을 공유하거나, 도움을 받고자 하는 욕구도 커졌습니다. 그래서 게임 유저들이 모이는 커뮤니티가 활발히 운영되고 있으며 게임 정보와 공략법을 공유하고 정리하거나 친목을 형성합니다. 나아가 게임 스트리머(BJ, 크리에이터)들의 활약도 어마어마합니다. 게임을 대신 플레이하고, 또 소통하고, 같이 공부하는 다양한 통로로 큰 인기를 누리고 있어요. 개발사들도 유저가 지적하는 오류를 수정하고 건의를 받아들여 시스템을 업데이트하기도 하며 게임을 함께 만들어갑니다.

게임은 다른 미디어들 보다 '사실적인 경험을 제공한다'는 면에서 큰 매력을 갖고 있습니다. 게임의 플레이어는 게임 속에서 일어난 일을 자신이 직접 한 일이라고 느끼고 현실과 똑같은 성취감을 갖습니다. 참여와 몰입, 소통과 연결 그리고 가시적인 보상으로 인해 성취감도 얻죠.

그래서 다른 많은 영역에서도 게임의 특성을 적용하려고 합니다. 이를 게이미피케이션gamification 이라고 해요. 재미를 느끼면서 경쟁도 하고 보상도 받다 보면 번거로운 일도 주체적으로, 즐겁게 할 수 있다는 이론으로 교육·경제·사회 등 전반에 활용됩니다. 즉 편하게 해주는 것이 아니라 더욱 적극적으로 개입하게끔 판을 만들어주며 자발적인 참여를 유도해요. 더 이상 편한 것이 능사가 아니라 주체적으로 무엇인가를 하는 느낌이 중요한 것이죠. 이는 트렌드를 넘어서 인간이 가져야 할 하나의 덕목이기도 합니다.

게임은 구경만 할 수 없는, 열심히 손과 눈을 움직여야 되는 미디어입니다. 책이나 영화 속에서 다양한 주제를 찾아 이야기 나누었던 것처럼, 게임 안에도 다양한 요소들이 담겨 있습니다. 그것을 대충 넘기지 않고, 찾아내는 능력이 필요해요. 재미와 의미를 동시에 즐길 수 있는 능력과 노력이 더욱 필요한 미디어가 바로 게임입니다.

게임은 과도에 비유되곤 합니다. 잘 사용하면 과일을 먹게 해주는 유용한 도구이지만, 잘못 사용하면 흉기가 될 수 있기 때문입니다. 이런 면에서 게임이 주는 영향력에 대해 이야기를 해보겠습니다. 폭력적인 게임을 하면 수용자는 어떤 영향을 받을까요? 그 영향을 받아 현실에서도 폭력성을 표출할까요? 아니면 폭력성을 해소할 수 있는 창구가 생겼기 때문에 현실에선 더욱 안정될까요? 이는 오래된 논쟁이고 지속적인 연구 결과물이 나오고 있지만 아직 확답을 내릴 수 있는 단계는 아닙니다. 그만큼 어려운 문제죠.

세계보건기구WHO는 게임 과몰입(중독)을 질병으로 분류하며 게임산업과 대립각을 세웠을 때 많은 논쟁이 있었습니다. 〈MBC 백분토론〉에도 나왔을 정도로 사회적 이슈였죠. 그리고 얼마 후 코로나19 바이러스 극복을 위한 비대면 소통을 강조하며 게임 회사들과 함께 플레이 어파트 투게더#PlayApartTogether 캠페인을 주도하였습니다. 질병으로 분류해 놓고 온라인 게임을 장려하는 캠페인을 한다며 조롱거리가 되기도 했죠. 그만큼 게임은 입체적 시각이 공존하는 애증의 미디어입니다.

사회적 평판과 상관 없이 게임은 문화콘텐츠 산업적으로 큰 인기를 누리고 있고, 코로나19 바이러스 상황에서도 상대적인 호황을 누리며 "게임 산업은 불경기에도 끄떡없는 산업"이라는 속설을 이어갔습니다. 앞으로도 게임 산업은 점점 커질 것으로 기대되죠.

적절하고 합리적인 규제, 서비스 제공자들의 노력이 중요하겠지만, 결국 이용자 입장에서 스스로 조절하려는 노력이 필요합니다. 게임의 목적은 경험과 즐거움을 얻는 것인데, 좋은 경험이 되지 못하거나, 오히려 일상생활을 힘들게 하고 있다면 게임 이용 습관을 고민할 필요가 있습니다. 게임은 현실을 대체하는 공간이 아니라, 현실을 살아가기 위한 쉼터 같은 곳이 되어야 합니다. 건강한 이용 문화를 만드는 것이 중요합니다.

첫째, 자유도를 최대한 활용합니다.
게임의 가장 큰 특징은 플레이어의 자유로운 참여와 경험입니다. 레벨업을 위한 지름길로 가지 말고, 최대한 창의적인 플레이를 시도합니다. 그 안에서 새로운 경험을 이끌어냅니다.

둘째, 의미를 찾습니다.
게임도 탄탄한 스토리와 구성을 바탕으로 한 경우가 많습니다. 조급해하지 않고 세계관을 이해하며 플레이 한다면 인문학적 즐거움도 얻을 수 있습니다.

셋째, 한도를 정합니다.
사회적 문제가 되기도 하는 게임 과몰입 현상을 예방하기 위해 규칙을 정해야 합니다. 스스로를 과신하지 말고 시스템적으로 관리해야 합니다. 건강하게 즐길 수 있는 선을 만들고 지키도록 합니다.

무한한 연결, 소셜 미디어

소셜 미디어는 사람과 사람을 이어주는 미디어를 말합니다. 소셜 네트워크 서비스(SNS)를 포함하는 개념으로, 함께 쓰이기도 하지만 더 넓은 개념이라고 할 수 있죠. 우리에게 익숙한 페이스북, 트위터, 인스타그램 등의 플랫폼들 이외에도 많은 미디어들이 소셜 네트워크 기능을 추가하여 서비스를 운용하고 있어요.

소셜 미디어의 기본 특징은 참여, 개방, 연결, 자기노출이라고 할 수 있습니다. 수용자들의 참여로 이루어지고, 많은 사람들에게 개방적으로 연결되어 있으며, 이를 바탕으로 즉각적인 소통을 하죠. 거기다 자기노출을 기반으로 하기 때문에 개인의 정체성, 심리에도 큰 영향을 미칩니다. 지금은 영향력이 광범위해졌지만 시작은 개인과 개인의 관계를 중심으로 했었어요. 플랫폼으로 판을 짜 놓으면, 그 안에 있는 수많은 콘텐츠는 결국 개인이 만들어가는 것이고, 그렇게 시간이 지나다보면 누구도 예상하지 못한 모습이 되곤 합니다.

과거에도 다양한 소셜 플랫폼들이 있었지만, 지금 소셜 미디어가 새롭게 보여주는 특징들이 있어요. 바로 팔로잉을 통한 구독 모델, 다른 사람의 최신 소식을 바로 볼 수 있는 뉴스피드, 같은 관심사로 연결되는 해시태그입니다. 지금은 익숙하지만 '싸이월드'와 비교하면 쉽게 이해될 거예요. 끈끈한 '일촌'에 얽매이지 않고 자유롭고 유연한 관계를 맺을 수 있으며, 상대방의 계정에 직접 방문하지 않더라도 내 계정에서 최신 소식을 받아볼 수 있습니다. 직접 계정들을 오가며 파도(?)타지 않고도 #해시태그를 통해 공통의 관심사를 가진 사람을 쉽게 찾을 수 있습니다. 한국을 넘어 세계의 많은 사람들과 연결된 것이죠. 우리에게 너무 익숙하기 때문에 그 새로움을 모를 수 있지만, 소셜 미디어는 지금 우리 생활의 많은 부분을 바꾸었습니다.

수많은 시스템이 서로 연결되어 상호보완할 수 있게 되었고, 사람들은 자신들의 생각을 표출할 수 있는 목소리를 얻었으며, 이로 인해 사회는 권위를 내려놓고 더욱 역동적으로 변해갔습니다. 연결된 사람들끼리 다양한 이벤트와 퍼포먼스를 행하고 민주적인 사회를 만들기 위해 노력했습니다. 조금 더 많은 사람들의 목소리에 귀기울이는 사회가 된 것이죠. 1인 기업, 인플루언서, 퍼스널브랜딩 등 개인의 영향력이 이렇게 커질 수 있었던 배경에는 소셜 미디어의 힘이 큰 부분을 차지합니다. 개인을 적극적으로 알릴 수 있는 통로가 만들어진 것이니까요. 지금의 학생들, 또 다음 세대들은 이러한 연결이 전혀 낯설지 않을 것입니다.

하지만 그만큼 많은 문제점도 노출되었습니다. 많은 사람들이 SNS를 이용하다보니 이제 마케팅의 필수 요소가 되었고, 경쟁적인 마케팅으로 수용자의 눈살을 찌푸리게 하죠. 또 다양한 정치적 선동 메시지, 가짜뉴스의 범람이라는 사회적 문제의 중심에 섰습니다. 네트워크 보안 문제를 바탕으로 범죄의 타겟이 되기도 하며, 관련 범죄들이 지속적으로 늘어나는 것도 큰 고민입니다.

수많은 사람과 연결된 자신의 채널을 운영한다는 것에 즐거움을 느끼기도 하지만, 과몰입을 통한 피로감을 느끼기도 해요. 사이버 불링Cyber Bullying이라고 불리는 새로운 집단 따돌림과 폭력의 방식이 등장해 헤어나올 수 없는 고통을 주기도 하죠. 또 자신의 정체성이 반영되다보니 관계 속에 정신적인 스트레스도 많이 받습니다. 영향력이 커질수록 부정적인 댓글이나 반응도 많아지고, 상처도 그만큼 커집니다.

심지어 소셜 미디어에 노출된 모습, 보여주기 위한 모습인 이상적 자아와 실제 생활하는 모습인 현실적 자아의 괴리로 인해 자아분열 증상을 보이거나, 다른 사람들의 잘난(?) 모습을 보며 상대적 박탈감을 느끼고, 우울증으로 이어지기도 합니다. 나아가 소셜 미디어 때문에 진실된 소통과 친밀한 관계, 주변 사람들을 놓치게 된다는 비난을 받으며 공동체 분열의 주범으로 몰리기도 했습니다. 이로 인해 'SNS 접속 끊기, 거리두기', '스마트폰 잠시 내려놓기' 등의 캠페인이 진행되기도 했죠.

실제로 소셜 미디어로 인한 사회적 관계에 대한 연구는 많이 진행되었습니다. 과거 오프라인 중심의 관계와 다른 방식으로 형성된 관계들이 얼마나 의미 있느냐 하는 것이죠. 코로나19 바이러스로 인한 '사회적 거리두기' 속에서 소셜 미디어는 하나의 대안을 제공하고 있습니다. #랜선가족 #랜선이모 #랜선라이프 등의 이름으로 불리며 실제로는 만난 적이 없지만 방송이나 인터넷 등 미디어를 통해 친밀감을 형성하는 관계들이 트렌드가 되고 있습니다. 한번도 실제로 만난 적은 없지만 애정을 듬뿍 담아 편지와 선물을 보내주기도 하죠.

이러한 현상은 코로나19 바이러스로 인한 '사회적(물리적) 거리두기' 캠페인 때 더욱 빛을 발합니다. "몸은 멀리 마음은 가까이, 지인과 전화, SNS로 소통해요"라는 문구로 알 수 있듯이 관계 형성과 유지의 매개체로 소셜 미디어가 활약하게 되었어요. #랜선여행 #랜선집들이와 같은 해시태그를 타고 직접 가지 못한 아쉬움을 담아

과거 사진이나, 편집 기술을 활용한 다양한 콘텐츠를 만들며 서로 공유했습니다. 또 자가격리 중인 분들, 고생하시는 간호사와 의사 분들을 응원하는 콘텐츠도 급속도로 확산되었어요. 서로에게 힐링 이 되는 순간이었죠.

수많은 만남과 모임들도 온라인으로 대체되는데 소셜 미디어가 큰 역할을 합니다. '사람과의 대화'를 지향하던 아날로그형 독서모임 들이 장기간의 사회적 거리두기 기간 동안 온라인 독서모임으로 전환하기도 했고 인문학 강의도 마찬가지였죠. 학교에서도 온라인으로 학교 수업을 대체하며, 소셜 미디어를 통한 상호소통 방식으로 교육을 진행했습니다. 물론 부족하고 아쉬운 점이 많겠지만, 앞으로 다양한 영역에서 소셜 미디어의 영향력은 더욱 커질 것으로 기대됩니다.

소셜 미디어 읽기 3가지 팁

첫째, 주요 관심 키워드를 정합니다.
일상 공유를 넘어 관심 주제나 목적을 정하고 집중적으로 파고들면 동기 유발과 전문성 향상에 도움이 됩니다. 부계정을 개설하는 것도 방법이죠.

둘째, 온라인과 오프라인을 연결합니다.
소셜 미디어에서 얻는 정보, 관계, 이벤트 등을 현실과 접목하여 긍정적인 영향을 주도록 설계합니다. 이 과정 속에서 가상 자아에 대한 진정성도 높아집니다.

셋째, 자신의 모습을 브랜딩합니다.
소셜 미디어는 자신의 정체성을 담고 있으면서도, 편집된 일부만 공개합니다. 어떻게 자신을 브랜딩할지 고민합니다. 단, 다른 사람들도 그렇다는 것을 알아야 상대적 박탈감을 피할 수 있습니다.

작지만 큰 공룡, 개인 방송

　1인 방송, 1인 미디어, 개인 방송 등 부르는 말이 다양하지만, 모두 방송국을 통한 기존의 제작·송출 시스템이 아닌 나머지 방송을 폭넓게 이야기합니다. 개인이 콘텐츠를 기획하고 제작하고 편집하고 송출하는 과정을 모두 전담해서 붙여진 이름이죠. 개인 방송 시장이 큰 인기를 얻으며, 많은 기업들과 기존 방송국이 개입하고, 시스템화된 부분이 있지만 그래도 개인의 진입이 열려 있기 때문에 '개인' 방송이라고 불립니다.

　대표적인 플랫폼으로는 유튜브, 아프리카TV, 네이버TV, 카카오TV 등이 있지만 유튜브가 압도적인 영향력을 갖고 있어 '유튜버'를 하나의 직업으로 지칭하기도 해요. 많은 학생들의 장래희망이 '유튜버'라는 기사를 보았는데, 직업을 갖고 있는 많은 성인들도 이 문을 두드리고 있습니다. 그 영향력은 앞으로 더욱 커질 것으로 예상됩니다.

　개인 방송의 특징을 크게 접근성, 다양성, 실시간 소통, 수익성으로 나누어 살펴보겠습니다.

　이러한 개인 방송의 가장 큰 특징은 진입장벽이 낮다는 것입니다. 거의 없다고 할 수 있어요. 앞에서 다룬 미디어의 특징 중 하나가 '게이트 키핑'이었습니다. 하나의 미디어 콘텐츠가 탄생하기까지는 수많은 관문을 거쳐왔고, 그 진입장벽을 정제의 과정으로 여겨왔습니다. 방송의 영향력, 제작비, 송출비 등을 따지면 신중할 수밖에 없죠. 하지만 그 신중함 속에서 많은 콘텐츠들이 개성과 매력을 잃기도 했습니다. 이와 다르게 개인 방송은 누구나 만들 수 있어요. 방송국에 비해 저품질의 기기로 만들어 콘텐츠 질이 떨어져도 괜찮습니다. 수용자의 선택을 못 받을 수는 있지만, 제작자에게 책임이 돌아오진 않죠. 그런 의미에서 제작과 송출에 접근성이 매우 높습니다.

그러다보니 콘텐츠 주제와 형식도 매우 다양합니다. 아주 소소한 주제, 유명하지 않은 인물, 생각지도 못한 구성 등등. 기존 방송국에서 다루지 않았던 많은 것들이 등장할 수 있는 환경이 조성됩니다. 연예인이 아닌 일반인의 일상을 담은 브이로그들도 큰 인기를 얻고 있는데, 기존 방송 시스템에서는 생각지도 못한 구성이에요. 일반인이 단순히 음식을 맛있게 먹는 모습을 중계하는 먹방도 마찬가지입니다.

텔레비전에서 나오는 콘텐츠에 대한 험담 중에 '전파 낭비'라는 말이 있어요. 그만큼 가치 없는 콘텐츠라는 의미인데, 개인 방송에는 통하지 않습니다. 낭비도 개성이 되는 자유로운 분위기가 바탕이 되어 있으니까요. 표현의 자유를 존중하는 시스템입니다. 결과에도 본인이 책임지는 것이죠.

독서에도 교육이 필요하다면

다음은 실시간 소통입니다. 기존의 미디어와 소셜 미디어의 특성이 잘 결합된 형태라고 볼 수 있어요. 라이브 방송의 경우 즉각적인 채팅과 함께 방송이 이루어지며 수용자들의 참여도를 높입니다. 기존 방송국에서는 '생방송'이라고만 해도 수많은 돌발상황에 긴장하며 기피하는 경향이 있고, 수많은 편집과 함께 녹화방송을 송출하는 것이 기본 포맷이었습니다.

이와 전혀 다르게 현장에서 이루어지는 수용자들의 소통으로 진행되는 방송은 굉장히 큰 매력 중 하나였죠. 이후 기존 방송국에서도 이러한 포맷을 빌려와 다양한 방식으로 접목하고 있습니다. 라이브 방송 외에도 즉각적인 댓글과 좋아요/싫어요 버튼이 방송에 큰 영향력을 미칩니다. 우리가 드라마를 보고 반응하고 싶을 때, 방송국 홈페이지에 들어가 글을 남기는 것은 매우 번거로운 일이죠. 또 남긴다고 해당 배우나 PD가 직접 답변해주지도 않습니다. 하지만 개인 방송은 그런 직접적인 소통이 가능해서 방송 제작자와 소비자 사이에 높은 친밀감이 형성됩니다.

마지막으로 수익모델입니다. 이렇게 많은 사람들이 개인 방송을 제작하게 된 이유 중 하나로 '수입'을 꼽아요. 한 7살 키즈 크리에이터의 가족 회사가 90억이 넘는 건물을 매입하여 큰 화제가 된 적이 있습니다. 수많은 유튜버들이 자신들의 수익을 공개하는데, 걸어다니는 기업이라고 불릴 정도로 어마어마하죠. 기본 광고, 협찬, 직접 후원 그 외 유명세를 통한 행사나 이벤트 수익 등을 얻으며 입체적

수익 구조를 갖고 있습니다. 그리고 유튜버들은 자신들의 수익 공개를 전혀 부끄러워하거나 민망해하지 않습니다. 많이 벌든, 적게 벌든 서로 알리려고 하죠. 자연스럽게 이런 정보에 노출되다보면, '나도 한 번'이라는 생각이 들게 됩니다.

물론 누구나 큰 수익을 얻는 것은 아니지만, 이런 가능성이 많은 사람들을 불러 모은다고 할 수 있죠. 직장인들도 사이드잡으로 부수입을 올리고자 유튜버의 문을 두드리곤 합니다.

이러한 특징 속에서 개인 방송 시장은 급성장하고 있지만, 그만큼 많은 문제점을 갖고 있어요. 아무도 검열하지 않고, 제대로된 필터링을 거치지 않기 때문에 부적격자의 부적절한 방송들이 쉽게 사람들에게 노출됩니다. 같은 맥락에서 소비자들의 선택을 받기 위한 자극적이고 선정적인 방송들이 범람합니다. 가짜뉴스도 이러한 환경 속에서 생산되는 경우가 많아요. 직접적으로 수익과 연결되는 만큼 그 강도는 점점 세지고 있고, 사회적으로도 큰 문제가 되고 있습니다. 시청자들을 기만하는 행태도 갈수록 심해지고 있어요. '뒷광고'와 '주작방송' 사태는 수많은 인기 유튜버들의 민낯을 보여주었습니다. 팬덤과 구독 문화로 이루어진 생태계에서 수많은 시청자는 실망하고 '구독 취소'를 눌렀습니다. 법적인 제재가 아닌 대중들의 심판을 받은 것이죠.

다양한 주제를 자유롭게 말하는 방송과 소비자들의 자유로운 선택권이 맞물려 편향된 방송이 사회 갈등을 조장하기도 합니다. 콘텐츠 추천 알고리즘은 기존 시청 기록을 바탕으로 개인의 성향과 취향을 존중해 주지만, 확장의 기회를 제공하는 데는 한계가 있어요. 이는 한정된 경험에 수용자를 가두는 현상을 야기하기도 했죠. 이러한 현상을 필터 버블Filter Bubble이라고 합니다. 필터링된 거품 속에 갇혀 허우적대며 외부의 자극에서 차단되어 편협해집니다. 다양성이 존중되는 사회에, 오히려 다양성을 잃을 수도 있는 것이죠.

또한 수많은 콘텐츠들을 무료로 시청할 수 있는 플랫폼 속에서 미디어 중독의 유혹에 빠지기 쉬워요. 무료 인터넷에 광고만 참고 보면 수많은 콘텐츠들을 비용 없이 볼 수 있는 것은 큰 장점입니다. 기존의 방송국들도 콘텐츠를 재구성하여 올리고 있기 때문에, 그 양은 더욱 방대해지고 있습니다. 스스로의 의지만으로 이러한 콘텐츠의 바다 속에서 헤어나오기는 쉽지 않습니다.

'공유지의 비극'이라는 말이 있어요. 주인이 따로 없는 공유지에서는 농부들이 서로 더 많은 소를 끌고 나옵니다. 타인을 생각하지 않고 개인의 이익을 극대화하기 위해서죠. 그 결과 공유지는 황폐화되고 맙니다. 특정 기관의 권력에서 벗어나 수용자 중심의 미디어가 된 개인 방송이 황폐화되지 않기 위해선 자정작용에만 맡길 수 없습니다. 개인 방송의 영향력이 커져감에 따라 사회도 경계의 목소리를 내고 관리하고 있습니다. 해당 사이트 관리자들은 불건전 콘텐츠에 대한 검열과 광고수익을 제한하는 정책을 시행하고 있으며, 소비자들의 적극적인 신고를 반영하려고 노력합니다.

또 콘텐츠 제작자에 대한 윤리교육과 수용자에 대한 비판적 시각을 기르는 미디어 리터러시 교육이 조금씩 강화되고 있습니다. 표현의 자유를 즐기며 건강한 미디어 생활을 향유하기 위해서는 끊임없이 함께 노력해야 합니다.

개인 방송 읽기 3가지 팁

첫째, 알고리즘에 잡아먹히지 않습니다.
수용자의 행적을 바탕으로 수많은 추천 알고리즘이 작동합니다. 그 무한한 콘텐츠의 바다를 헤매다 익사하지 않도록 이용 목적을 분명히 하고 의미 있는 발자취를 만듭니다.

둘째, 자극적인 방송에 현혹되지 않습니다.
개인 방송 플랫폼은 수익을 위해 방송 조작과 가짜뉴스가 난무하는 곳임을 인지하고 경계합니다. 의도적으로 벗어나고자 노력해야 합니다.

셋째, 자신만의 콘텐츠를 기획합니다.
수익성에 얽매이지 말고, 자신의 끼와 재능을 창의적으로 구성할 수 있는 무대로 삼습니다. 퍼스널 브랜딩의 기반을 만듭니다.

독서에도 교육이 필요하다면

03
미디어를 활용한 독서지도

굳이, 왜 책인가?

영상 미디어가 큰 인기를 누리고 있지만, 그럼에도 독서교육에 대한 열정은 끊이지 않고 있습니다. 오히려 이러한 디지털 네이티브들에게 더욱 필요하다는 목소리가 강하게 나옵니다. 책도 수많은 미디어 중 하나인데, 어떠한 차이가 있을까요? 책의 매력이라고 하던 많은 것들이 지금은 책만의 것이 아니게 되었습니다. 그것에 대해 제대로 인지하지 못한 상태에서 그냥 독서를 강조하다보면, 쉽게 다른 미디어로 대체되기 쉽습니다. 과거 책만 읽어도 재미있던 시절이나 TV를 바보상자 취급하던 시대를 생각하면 큰 오산이죠.

디지털 미디어와 다른 책의 가치, 디지털 시대에 책을 읽어야 하는 이유는 무엇일까요? 이것을 명확히 해야 '독서'를 목적으로 정하고 다른 미디어를 '도구'로 사용하는 활동이 정당화됩니다. 매리언 울프의 〈다시, 책으로〉(어크로스)에서는 다른 미디어와 다르게 책을 통해서 기를 수 있는 것으로 '인지적 인내심', '인지적 끈기'를 강조합니다. 이것이 비판적·분석적 사고를 견디는 힘이라고 하죠. 짧고 강렬한 것, 화려한 것에 집중하는 영상 미디어에서는 기르기 힘든 능력입니다. 최승필의 〈공부머리 독서법〉(책구루)에서는 언어능력에 초점을 맞춥니다. 영상 미디어가 그림으로 이야기하듯, 책은 글자로 이야기합니다. 그 글자를 읽고 이해하는 능력은 책이라는 미디어에 특화된 것이죠. 지금 영상 미디어가 대세라고 해도, 기존의 많은 정보들은 글자로 이루어져 있기 때문에 글자를 읽고 스스로 이해하는 독해력은 학습능력과도 직결된 것입니다. 〈유튜브는 책을 집어삼킬 것인가〉(따비)에서는 글의 추상성이 독자의 상상력을 자극하고 지혜롭게 한다고 말합니다. 그대로 받아들이기 쉬운 영상의 재현성과의 차이점이죠.

쉽게 설명하면 디지털 영상 미디어는 굉장히 친절하게 직관적인 메시지를 전달하고 시청자가 수용하기 편하게 해줍니다. 그래서 누구나 쉽게 흥미를 느끼고, 관심을 갖습니다. 하지만 편한 것이 최선일까요? '편안의 역설'이란 말이 있습니다. 편안할수록 불편에 과민해지고 두려움을 느끼며 더욱 편안한 것을 찾는다는 것이죠. 영상들의 호흡은 점점 빨라지고, 배경음악은 더욱 긴박해지며, 자막은 더욱 자극적으로 반응을 유도합니다. 이마저도 2배속으로 시청하는 수용자들이 많죠. 개인 방송의 경우 영상 자체를 빨리감기하여 제작하기도 합니다.

이에 비해 책은 미디어 자체가 불친절(?)하기 때문에 수용자들이 스스로 해야 될 영역이 많습니다. 글자라는 기호를 바탕으로 스스로 이미지를 만들어야 하고, 생각해야 합니다. 하지만 이를 통해 근육이 생성되고, 이를 더 잘 수행하게 되며 능동적이고 주체적인 태도를 갖게 됩니다. '인지적 끈기'가 생기는 것이죠. 이런 태도가 더욱 건강한 뇌를 만든다고 생각하기 때문에 책의 중요성, 독서교육의 필요성이 계속 언급되는 것입니다.

미디어로 수업 디자인하기

매년 코엑스에서 열리는 '서울국제유아교육전'을 다닙니다. 어느 순간부터 '유튜브 특별관'이 생겼고, 주변에는 많은 사람들이 몰리기 시작했죠. 통신사 3사도 키즈콘텐츠를 바탕으로 대대적인 마케팅을 합니다. 그 외에도 '이러닝코리아: 에듀테크 페어'에서는 많은 교육회사들이 인공지능, 3D 프린터, 증강현실과 가상현실 등의 기술들을 접목한 교육 콘텐츠를 선보입니다. 변화의 속도가 점점 빨라지고 있죠. 코로나19 사태 이후로 '비대면 원격 교육'이 활성화되면서 이러한 에듀테크는 더욱 빠르게 발전할 것으로 보입니다.

물론 책도 웹소설, 전자책, 북트레일러 등과 함께 트렌드를 반영하고 있지만, 다른 미디어와의 차이점을 내세우기 위해선 깊이 읽기, 능동적 태도, 언어능력이 중요합니다. 이를 전제로 영상 미디어를 활용한 독서교육 방법을 알아보겠습니다. 상대방을 지도하는 방법으로 활용해도 되고, 스스로 독서습관을 형성하기 위해 활용해도 좋습니다.

영상 미디어가 책을 대체하는 것이 아니라, 독서를 위한 도구로 활용된다는 점에 초점을 두고 의도적인 '설계'를 해야 합니다. 뚜렷한 목적 하에 수업을 디자인한다는 마음으로 접근해야 해요. 안 그러면 디지털 미디어에 주도권을 빼앗겨 버리기 쉽습니다. 주객전도가 되는 것이죠. 아니면 단순한 시간 때우기나 아이들을 진정시키는(?) 용도로만 쓰일 뿐입니다.

좀더 의미 있게 미디어를 활용하여 독서지도를 하기 위해서 독서 전, 독서 중, 독서 후 활동으로 나누어 맥락을 고려하여 구성하는 것이 좋습니다. 효과적인 연결을 통해 '유의미한 학습'이 일어나도록 자극하는 것이에요. 쉽게 비유하자면 식단을 짠다고 생각해보세요. 메인 메뉴를 먹기 전 에피타이저, 먹은 후 디저트를 구성하는 것과 같아요. 잘못된 에피타이저와 디저트는 메인 식사를 망치기도 합니다. 나아가 똑같은 과일을 먹어도 식전에 먹는 것과 식후에 먹는 것은 큰 차이가 있습니다. 입맛을 돋우는 용도와 입가심하는 용도,

먹는 양과 영양소, 소화 등에도 다른 영향을 미칩니다. 이처럼 미디어를 과일이라고 했을 때, 메인 메뉴인 독서를 위해 어떻게 활용할지 고민해 보세요. 이해가 쉽도록 독서 전, 중, 후로 나누어서 설명하지만 목적에 맞게 다른 방식으로 적용될 수도 있습니다.

독서 전

독서 전에는 주로 흥미와 관심을 유발하고, 이해를 돕기 위한 배경지식을 쌓거나 기존의 배경지식을 활성화시켜주는 활동을 합니다. 독서활동에 더 집중할 수 있도록 준비하는 과정이라고 할 수 있죠.

예를 들어, 〈토끼와 거북이의 달리기 시합〉을 읽기 전에 신나는 노래와 함께 하는 토끼와 거북이 율동 영상을 보거나, 흥미로운 달리기 경주 영상을 보는 것입니다. 인물에 대한 흥미와 핵심 사건에 대한 관심을 유발하는 것이에요.

배경지식 쌓기도 거창한 것이 아닙니다. 나이가 어릴수록 백지상태라고 생각해보세요. 〈토끼와 거북이의 달리기 시합〉의 핵심은 누가 봐도 느린 엉금엉금 거북이와 누가 봐도 재빠른 깡충깡충 토끼가 말도 안 되는 달리기 시합을 하는 아이러니한 사건입니다. 그리고 그 이후에 찾아오는 어마어마한 반전이 묘미죠. 하지만 토끼가 빠르고 거북이가 느리다는 사실을 알지 못하면, 그것은 '이해'의 영역으로 넘어갑니다. 이야기에서 나오는 묘사와 설명으로 상황을 이해해야 하는 것인데, 많은 인지적 에너지를 소비합니다. 어린 친구들은 그림을 보면서 이야기도 겨우 알아듣는데, 그런 상황까지 이해하는 과정에서 에너지가 소비되면 즐길 여력이 남지 않습니다. 반전의 즐거움을 누릴 수 없죠. 그래서 토끼와 거북이의 특성을 탐구하는 영상을 보고 배경지식을 쌓는다면, 이해에 대한 부담이 줄어듭니다. 그 남은 에너지로 '반전'을 즐겁게 이해하며 교훈을 얻을 수 있겠죠.

에너지가 더 남는다면, 새로운 생각을 이끄는 질문도 샘솟을 것입니다. 어린 아이의 경우 직접 책을 만나기 전에 '책 읽어주기 영상(짧은 애니메이션)'을 미리 한번 보는 것도 읽기 과정을 돕는 하나의 방법입니다. 스포일러를 당하긴 하겠지만, 큰 틀을 알고 책을 만나면 이야기의 흐름에 더 잘 따라올 수 있습니다.

〈덕혜옹주〉(다산책방)와 같은 역사소설도 마찬가지입니다. '지금, 여기'에 벗어난 시대에 대한 관심과 배경지식이 독서에 큰 도움이 됩니다. '역사의 필요성'을 다룬 영상으로 과거 이야기에 대한 관심을 유발하거나, 그 당시 역사에 대한 정보를 담은 다큐멘터리를 보며 배경지식을 쌓을 수도 있어요. 그 외 성인들도 자신이 관심 있는 분야의 책에 대해서는 더 부담없이 접근하고, 쉽게 이해하는 것을 볼 수 있습니다.

또 같은 분야의 책을 계속 읽다보면 책 읽는 속도도 빨라집니다. 배경지식이 쌓이면 쌓일수록 책을 이해하는 속도도 빨라지고, 창의적인 사고를 하는데 에너지를 더 투입할 수 있어요. 이렇게 배경지식을 자극해주는 것은 중요합니다. 다만, 메인 활동인 독서를 잠식하지 않도록 적당한 시간을 유지하고, 목적 달성 후에는 책으로 돌아올 수 있도록 해야 합니다.

독서 중

독서 중 활동에는 읽기에 집중할 수 있는 환경 조성이나, 내용 이해를 돕는 활동을 합니다. 책을 읽는 행위는 집중력을 필요로 하기 때문에 많은 학생들이 지루해합니다. 시간가는줄 모르고 책에 흠뻑 빠져 읽으면 좋겠지만, 쉽지 않아요. 가장 기본적으로 주변에 방해되는 것을 정리합니다. 다이어트 할 때 음식을 멀리하는 것처럼 유혹거리를 줄이는 것이죠.

그래도 산만한 아이들에게는 독서 행위를 녹음하거나 촬영하는 것이 큰 효과가 있습니다. 영상 미디어에 워낙 익숙한 아이들이기 때문에, 크게 부끄러워하지 않고 그 상황을 즐기는 경우가 많아요. 또한 좀더 멋있게 나오기 위해서 또박또박 읽으려고 하고, 집중해서 임하기도 합니다. 끝나고 다시 돌려보면서 자신이 책을 읽는 소리를 들어보고 스스로 점검하는 활동도 덤으로 진행되죠. 불만족스러우면 '다시' 읽어보겠다고 도전하기도 합니다. 실제로 영상을 유튜브에 올린다고 하면, 더욱 잘하고 싶은 마음이 들겠죠? 다양한 그림책 스트리밍 플랫폼을 이용하는 것도 방법입니다.

학년이 올라가서도 유튜브나 SNS에 #공부영상 #공부인증 #공스타그램 등의 콘텐츠를 활용하는 경우가 많아요. 공부 영상을 틀어놓고 함께 공부한다거나, 공부시간이나 내용을 인증하며 스스로를 다잡는거죠. 누군가는 '그 시간에 공부나 하지 뭐하는 짓인가' 싶을 수도 있겠지만 마음가짐이 중요한 것 아니겠습니까. 이렇게 미디어로 독서 욕구를 자극하는 것도 하나의 방법입니다. 이러한 인증 욕구는 성인이 되어서도 이어집니다. 학습습관을 포함해서 운동, 다이어트, 새벽 기상, 물마시기, 영어 공부 등등의 습관 만들기 챌린지가 꾸준히 소셜 미디어에 올라오고 있어요. 수시로 인증하고 응원하는 댓글들이 달리며 큰 동기부여가 됩니다.

책을 읽는 도중 모르는 어휘나 낯선 상황에 맞닥뜨렸을 때 검색이나 시청각 자료를 통해 내용 이해를 도울 수 있습니다. 독자가 직접 상황과 맥락 속에서 고민하고 추론하며 읽는 것이 가장 좋지만 그로 인해 독서 흥미가 떨어질 위험이 있을 때는 미디어를 활용해 더 알아보는 것도 필요한 방법입니다. 수많은 정보 속에서 필요한 정보를 효율적으로 찾는 것도 중요한 능력이니까요. 요즘은 책에 QR코드를 담아두기도 하죠.

예를 들어, 인터넷 검색으로 사전적 의미를 찾아보거나, 낯선 장면의 경우 이미지와 영상의 도움을 받을 수 있어요. 과학책에서 말로 설명된 실험이나 자연 현상을 직접 영상으로 보면 이해에 큰 도움이 됩니다. 저 또한 우주에 관한 책을 읽고 있을 때, 글로 읽으며 열심히 상상하긴 했지만, 직접 우주의 그 현상을 검색했을 때 받은 감동은 차이가 있었어요. 내용을 명확하게 이해하는데 특히 도움이 됩니다.

마찬가지로 음악에 대한 정교한 묘사를 글로 읽고 나서 그 음악을 직접 들어보면 또 다른 감동이 밀려옵니다. 사회문화 관련 책에서 문화적인 풍습, 의상 등을 직접 검색하며 이해를 돕는 것이죠. 스스로 생각하고 상상하는 것을 충분히 한 후에 찾아보면 더욱 좋습니다. 또한 집중력이 흐트러지지 않도록 주의하며 다시 책으로 돌아오는 것이 중요합니다. 공부에 도움이 되라고 태블릿 PC를 사주었더니, 다른 짓을 많이 해서 관리 프로그램이 생기기도 했죠. 인터넷을 막아두고 내장된 콘텐츠만 이용하도록 하는 패드도 있고요. 독서 중에는 자기 통제력이 더욱 중요합니다.

독서 후

내용을 깊이 있게 이해하고 생각을 창의적으로 표현하는데 미디어를 활용할 수 있습니다. 하나의 작품을 읽고 다양한 콘텐츠를 통해 생각을 확장할 수 있어요.

예를 들어, 〈토끼와 거북이의 달리기 시합〉을 읽고 직접 토끼와 거북이가 달리기 경주하는 영상을 찾아보며 현실과 연결지어 생각해본다거나, 결말이 다른 버전의 영상을 보고 어떤 차이점이 있는지 비교할 수 있습니다. 〈슈퍼 거북〉(책읽는곰), 〈슈퍼 토끼〉(책읽는곰)와 같이 전래동화의 모티브를 가져와 재창작된 책들을 활용해서 생각을 비교해보는 것도 재미있죠.

〈덕혜옹주〉(다산책방)는 실제 역사적 사실과 작품 내용 사이의 차이가 있어 역사왜곡 논란이 있기도 했어요. 이런 자료를 찾아 분석하며 현실적 문제와 좀더 연관지을 수 있습니다. 또 작품에 대한 다른 사람들의 리뷰 콘텐츠들을 접하며 감상을 공유하고 확장하는 것도 좋은 방법이에요.

많은 독후활동이 영상 콘텐츠의 도움을 받을 수가 있습니다. 색종이 접기 영상, 만들기 영상, 놀이 영상 등의 콘텐츠가 많기 때문에 목적에 맞게 검색하여 활용하면 역동적인 독후활동을 진행할 수 있어요. 광고 포스터 만들기, 신문 만들기, 역할극 하기 등의 독후활동도 영상 촬영을 함께 하여 광고 만들기, 뉴스 만들기, 연극 제작하기 등의 활동으로 연결할 수 있습니다.

또 나의 생각을 표현하는 도구로 미디어를 활용할 수 있어요. 책의 내용을 정리하고 소개하는 영상을 촬영하여 '북튜버'로서 콘텐츠를 제작하는 방법이 대표적이죠. 다른 사람들이 본다는 것을 전제로 하면 좀더 체계적으로 준비하게 되고, 스스로 역량이 쌓일 것입니다.

그런 의미에서 '북트레일러'도 독후활동으로서 주목받고 있어요. 영화의 예고편처럼 책의 예고편 영상을 제작하는 활동입니다. 그림을 이어 그려서 표현할 수도 있고, 직접 연기를 할 수도 있어요. 그 과정 속에서 책의 내용을 이해하고, 핵심을 효과적으로 전달하는 과정 속에서 창의력이 싹튼다고 할 수 있습니다.

하지만 역동적인 독후활동에만 몰입하다 책이 주는 메시지와 생각의 고리를 놓치는 경우가 많습니다. 작품과 분절될수록 활동의 깊이는 얕아집니다. 이러한 콘텐츠 창작 활동도 작품의 맥락을 바탕으로 진행하는 것이 중요해요. 화려한 퍼포먼스 때문에 본질을 놓치지 않도록 잘 챙겨야 합니다.

책과 영화의 조화

책을 원작으로 한 영화들이 지속적으로 나오면서, 책과 영화의 연결점을 활용하는 분들이 많습니다. 독서교육의 입장에서는 책 대신 영화를 보는 것이 아니라, 책을 읽기 전에 영화를 볼 것이냐, 책을 읽은 후에 영화를 볼 것이냐를 고민해야 합니다. 비슷한 것 같지만, 앞에서 비유를 들었던 과일을 생각해보세요. 밥 먹기 전에 먹는 사과와 밥 먹은 후에 먹는 사과는 묘하게 큰 차이가 있습니다. 선후 관계는 목적과 의도에 큰 영향을 미칩니다.

책을 읽기 전에 영화를 본다면, 책에 대한 흥미와 관심을 유발하는 목적이 큽니다. "이 영화 재미있었어? 책으로도 있는데 한번 읽어볼까?" 이렇게 유도하는 식이에요. 영화가 재미있으면 책에 대한 기대가 높아질 것이고, 재미 없으면 책에서 어떻게 그 점을 채울 수 있을지 고민하는 식이죠. 단점으로는 강렬한 영상과 이미지 때문에 스스로 상상하는 재미를 빼앗길 수도 있고, 결말을 포함한 줄거리를 이미 알게 되어 독서의 긴장감이 떨어질 수도 있습니다. 하지만 그만큼 다른 디테일한 부분에서 즐거움을 얻을 수도 있으니 손해만

보는 장사는 아닙니다. 의도가 다를 뿐이죠.

책을 읽은 후에 영화를 본다면, 내가 상상한 내용과 감독의 상상을 비교해보는 것이 주 목적입니다. "책 재미있게 읽었니? 영화로도 나왔는데, 어떻게 다른지 비교해볼까?" 감독과 대등한 입장이 되어서 "정말 상상력이 뛰어나네!", "왜 저렇게 표현했을까? 나라면 이렇게 표현했을 텐데", "이런 음악이 있으니 느낌이 다르네" 등을 생각하는 것이 중요합니다. 그렇지 않으면 책의 내용을 반복 확인하는 것에 머무르거나, 이미지로 구현된 모습에 실망하고 흉보는 것에 그칩니다. 많은 분들이 책을 읽고 영화를 본 후 실망하곤 합니다. 우리의 상상력을 모두 구현하는데는 장르적·기술적·비용적 한계가 있으니까요. 그렇다면 그 아쉬운 점을 어떻게 보완할 수 있을까라는 입장에서 접근하는 것이 더 생산적입니다. 나름대로 배우를 캐스팅하고, 축약된 사건을 재구성하고, 결말을 바꿔보는 활동 등을 권장합니다.

그 외에도 디지털 미디어와 책과의 연결고리는 많이 있어요. 성공한 드라마와 영화, 웹툰 등이 역으로 소설화되기도 합니다. 고레에다 히로카즈 감독의 〈태풍이 지나가고〉, 〈걸어도 걸어도〉, 〈그렇게 아버지가 된다〉 등은 감독과 작가가 협업하여 영화를 소설화하였습니다. 또 애정하는 작품의 대본집과 포토에세이 등이 책으로 출간되어 팬들에게 '소장'의 기쁨을 주기도 하죠. 영화 〈기생충〉이 큰 인기를 얻고 영화의 대본집과 스토리보드가 베스트셀러가 되기도 했습니다. 영화 감독의 인터뷰집, 웹툰 작가의 이야기, 다양한 평론 모음집 등은 영상으로 표현하지 못한 깊은 이야기를 전해주기도 합니다.

이동진 영화평론가의 영화평론집 〈영화는 두 번 시작된다〉(위즈덤하우스)는 900p가 넘는 분량을 자랑하지만 출간 즉시 베스트셀러가 되기도 했어요. 접근성이 높은 영화의 이야기 일부를 가져와 인문학과 철학을 더해 생각을 확장시켜주는 책들도 지속적으로 출간되고 있습니다. 〈매트릭스로 철학하기〉(한문화), 〈영화 인문학〉(글항아리) 등과 같은 책은 철학과 인문학을 친근하게 해주는 효과가 있습니다.

영상 미디어를 책으로까지 연결하는 것이 너무 힘들다 싶으면, 영상에서 생각거리를 부지런히 만들어 생각 근육을 키우는 것도 한 방법입니다. 독서를 위한 기초체력을 기르는 것이에요. 영상이 목적이 아니라 활용한다는 관점은 유지하는 것이죠.

예를 들어, 〈상어가족〉과 같이 짧고 단순한 영상을 보더라도, 여러 가지 질문을 통해 생각을 자극하고 다양한 영역으로 확장할 수 있습니다. 상어가족 율동을 해볼까? 상어는 어떻게 헤엄칠까? (신체활동·건강 영역), 물고기는 어떤 말을 하고 싶을까? 상어에게 무슨 말을 해줄까? (의사소통 영역) 상어와 물고기가 사이좋게 지낼 수 있는 방법은 무엇일까? (사회관계 영역), 상어는 왜 물고기를 쫓을까? 상어는 무엇을 먹을까? (자연탐구 영역), 음악이 없으면 느낌이 어떻게 다를까? 새로운 음악을 만들어볼까? 상어를 그려볼까? (예술 영역). 이렇게 길러진 능동적인 태도와 인지적 끈기는 다른 미디어를 읽는데도 전이될 것입니다. 불편함에 덜 민감하게 되는 것이죠.

영상 미디어를 '어떻게' 활용할 것인지에 초점을 맞춘다면 아날로그와 디지털의 아름다운 조화를 기대할 수 있습니다. 우리는 결국 두 미디어를 모두 잘 다루어야 하는 시대에 살고 있으니까요. 〈다시, 책으로〉(어크로스)에서 사용하는 '양손잡이'라는 표현을 좋아합니다. 궁극적인 지향점이라고 생각해요. 양손잡이가 되려면 부족한 부분을 발달시키기 위한 의도적인 연습이 필요합니다. 조화와 균형은 쉽게 이루어지지 않으니까요.

독서에도 교육이 필요하다면

지금은 누구보다 책을 좋아하고, 독서교육을 업으로 삼고 있지만 어려서 제대로 된 독서교육을 받아본 적이 없습니다. 책을 좋아하시는 어머니 꽁무니를 따라다닌 것 말고는 책을 고르는 방법이나 책을 읽는 방법, 많이 읽으면 무엇이 좋은지조차 모르고 살았습니다. 그냥 있으니까 읽었을 뿐이죠.

대신 책이 있는 곳을 꾸준히 찾아다녔습니다. 갈 곳이 없으면 PC방이 아닌 도서관에 갔어요. 책을 읽지 않아도 도서관에 있으면 마음이 편했으니까요. 엎드려 잠을 자도 도서관에서 자는 잠이 달콤했습니다. 완도에서 군생활을 할 때도 휴가 때마다 도서관을 드나들었고, 낯선 곳에 자취방을 구할 때도 근처에 도서관이 있는지를 우선 확인했어요. 코로나19 바이러스가 가장 원망스러운 것 중 하나는 도서관 휴관입니다.

몇몇 사람들은 "독서는 쾌락이고 오락인데, 무슨 교육이 필요하느냐"라고 말하기도 합니다. 저도 이에 동의하는 바이고 그렇게 살아왔습니다. 책이 주는 즐거움과 감동은 말도 못하죠. 하지만 어느 순간 깨달았습니다. 이렇게 재미와 의미를 느낄 수 있는 것도 공짜가 아니었구나. 자연스럽게 얻은 것이 아니었구나. 이 달콤함을 놓치는 사람도 많이 있구나. 교육이 필요하구나.

지금 부모님들의 자녀교육에서 '책육아'는 빠질 수 없는 키워드입니다. 학생들도 틈틈이 '교실 속 책 읽기'와 '진로독서'로 미래를 준비합니다. 성인들도 시간을 쪼개어 독서모임과 인문학 프로그램에 참여하죠. 이제 책을 넘어 다양한 디지털 미디어도 교육의 대상이 되었습니다. 그만큼 시대가 달라지고 있으니까요. 그 중심이 되는 독서교육을 아끼지 마세요. 세상엔 공짜가 없답니다.

2020년 11월
이승화

| 참고문헌 |

단행본

〈거시적 독서지도〉 한철우, 역락

〈공부머리 독서법〉 최승필, 책구루

〈교사를 위한 독서교육론〉 김주환, 우리학교

〈나를 중심으로 미디어 읽기〉 이승화, 시간여행

〈다시, 책으로〉 매리언 울프 저, 전평근 역, 어크로스

〈독서교육의 이론과 실제 1, 2〉 박정진 외 3명, 한우리북스

〈독서교육의 이해〉 변우열, 조은글터

〈독서논술 디베이트〉 장선애, 소울하우스

〈독서동아리 100개면 학교가 바뀐다〉 서현숙 외 1명, 학교도서관저널

〈독서의 발견〉 유영만, 카모마일북스

〈독서의 즐거움〉 수잔 와이즈 바우어, 이옥진 역, 민음사

〈독서 평가의 이해와 사용〉 피터 애플러백 저, 조병영 외 2명 역, 한국문화사

〈디지털 미디어 리터러시〉 김경희 외 4명, 한울아카데미

〈미디어 교육 선언〉 데이비드 버킹엄, 조연하 외 8명 역, 학이시습

〈미래를 여는 힘 독서토론〉 김현경, 배철우, 정인

〈상호텍스트성과 텍스트 이해 교육〉 김도남, 박이정
〈슬기로운 미디어생활〉 권혜령 외 7명, 우리학교
〈알기 쉬운 독서지도: 아동문학 편〉 정옥년 외 2명, 학이시습
〈유튜브는 책을 집어삼킬 것인가〉 김성우, 엄기호, 따비
〈편안함의 배신〉 마크 쉔, 크리스틴 로버그 저, 김성훈 역, 위즈덤하우스
〈포스트트루스〉 리 매킨타이어 저, 정준희 역, 두리반

그림책
〈공원에서 일어난 이야기〉 앤서니브라운, 삼성출판사
〈까마귀의 소원〉 하이디홀더, 마루벌
〈늑대가 들려주는 아기돼지 삼형제 이야기〉 존세스카, 보림
〈돼지책〉 앤서니브라운, 웅진주니어
〈로쿠베, 조금만 기다려〉 하이타니겐지로, 양철북
〈솔이의 추석이야기〉 이억배, 길벗어린이
〈우리 아빠〉 앤서니브라운, 웅진주니어
〈우리 형〉 앤서니브라운, 웅진주니어
〈행복한 미술관〉 앤서니브라운, 웅진닷컴

논문
〈'서사적 대화'를 활용한 문학 토의 수업 연구〉, 최인자, 2007
〈초등학생의 논술 쓰기 능력에 대하여〉, 유봉현, 2008
〈도서관의 자료 선정에 관한 해외 문헌 및 사례 연구〉, 어린이도서관문화재단, 2010
〈디지털 시대의 독서지도를 위한 교사교육〉, 정옥년, 2013
〈'주제별 통합 독서(신토피컬 리딩)'의 의미와 독서교육적 맥락〉, 박정진, 2014